首都经济贸易大学中国流通研究院品牌系列丛书

中国流通研究院
China Academy of Circulation

产业空间集聚与品牌生态关系研究
——聚焦乳品产业

■ 张志明　著

知识产权出版社
全国百佳图书出版单位

图书在版编目（CIP）数据

产业空间集聚与品牌生态关系研究：聚焦乳品产业 /张志明著. —北京：知识产权出版社，2016.6

ISBN 978 - 7 - 5130 - 4289 - 5

Ⅰ. ①产… Ⅱ. ①张… Ⅲ. ①乳品工业—产业发展—研究—中国 Ⅳ. ①F426. 82

中国版本图书馆 CIP 数据核字（2016）第 143618 号

内容提要

本书围绕我国乳品产业及乳业品牌的特征、现状及发展环境，分析了我国乳品产业、乳业品牌发展的经验、存在的问题，综合了产业集聚、品牌生态的理论框架及品牌生态的相关测度模型与技术参数；从我国乳业的可持续发展、市场需求、竞争态势视角，以我国乳业发展趋势及经济、资源与环境要素为背景，深入分析并研究了我国乳品产业集聚与品牌生态系统之间的关系、二者在相互作用下协同进化的层级与动因以及如何建构和发挥品牌生态系统协同进化的模式和效应、我国乳品产业集聚品牌生态系统风险管理内容和原则等方面的问题，得出了一定的研究成果，提出了对应的措施、方法和策略。

本书适合相关研究及管理人员和感兴趣的读者阅读、参考。

责任编辑：荆成恭　　　　　　　　　　责任出版：卢运霞
封面设计：刘　伟

产业空间集聚与品牌生态关系研究
——聚焦乳品产业

张志明　著

出版发行：**知识产权出版社** 有限责任公司　　网　　址：http://www.ipph.cn
社　　址：北京市海淀区西外太平庄 55 号　　邮　　编：100081
责编电话：010 - 82000860 转 8341　　　　责编邮箱：jcggxj219@ 163.com
发行电话：010 - 82000860 转 8101/8102　　发行传真：010 - 82000893/82005070/82000270
印　　刷：北京中献拓方科技发展有限公司　　经　　销：各大网上书店、新华书店及相关专业书店
开　　本：720mm×1000mm　1/16　　　　印　　张：11.5
版　　次：2016 年 6 月第 1 版　　　　　　印　　次：2016 年 6 月第 1 次印刷
字　　数：165 千字
ISBN 978 - 7 - 5130 - 4289 - 5　　　　　　定　　价：38.00 元

序

改革开放 30 多年以来，中国经济发展所取得的成就举世瞩目。中国经济总量现仅次于美国，居世界第二位，进出口贸易总额也居世界第二位，是世界第一制造大国。但中国在国际市场竞争中严重缺乏具有自主知识产权和国际竞争力的自主品牌，也是我们不可忽视的一个现状。自党的十六大以来，党中央和国务院以及各级政府有关部门都对自主知识产权品牌的建设工作提出了相应的政策、措施等。党的十六届五中全会提出要"形成一批拥有自主知识产权的知名品牌、国际竞争力较强的优势企业"作为我国"十一五"时期经济社会发展的主要目标；党的十七大报告中进一步明确了要"加快国际知名品牌的建设"；党的十八大报告再次强调品牌在国际竞争力中所起到的核心作用。

2015 年 11 月 10 日，习近平总书记在中央财经领导小组第十一次会议上首次提出"供给侧结构性改革"，"供给侧"一词在 2016 年首次写入中央"一号文件"。供给侧强调供给体系的质量和效率，突出长远的经济结构调整、转型和升级。我国乳业在发展的过程中也积累了诸多结构性的矛盾和问题，亟须着力推进供给侧改革，加快推进产能、原料奶供应、市场销售、品牌建设的结构调整，推动资源统筹和种植、养殖、加工为一体的产业链式融合发展，不断适应和满足市场需求，调整过程中加大培育优质品牌甚至有国际竞争力的品牌的力度，不但确保"品牌的优质"，更要确保"舌尖上的优质"。

我国已成为继印度、美国之后的世界第三大原奶生产国。乳品企业中的伊利、蒙牛已经进入"世界乳业 20 强"的行列，在荷兰合作银行发布的"2015 年度全球乳业 20 强"中位列第 10 位和第 11 位。但从乳业品牌的发展现状来看，整体品牌管理水平尚处于较为初级的阶段。以婴幼儿配方奶粉为例，由于国内的乳制品品牌影响力较弱，国内很多消费者通过海外代购、出国旅游等一切可能的方式采购国外乳品品牌的婴幼儿配方奶粉。根据海关总署统计的数据，2011 年，我国婴幼儿配方奶粉的进口量为 9.15 万吨，2013 年，进口量增至 12.28 万吨，两年中增长 3 万余吨。这种情况虽然与我国乳品产业发展的特点有关，但从更深层次的原因来看，我国乳品产业存在空间集聚度相对较低，品牌生态系统竞争处于无序竞争态势，自主品牌竞争力较弱等现实问题。

本书在相关理论研究的基础上，聚焦我国乳品产业，对产业集聚在结构性调整以及品牌生态的有序发展与协同进化过程中发挥的作用；产业集聚如何提高我国乳业品牌的国际竞争力，诸如与国际知名乳业品牌拉克塔利斯、雀巢、恒天然、达能等的竞争；产业集聚和品牌生态系统之间相互促进和发展的空间溢出效应做了必要的论述。

深入研究和考察我国乳品产业集聚的特性和要素、产业集聚品牌生态系统的交互影响等，对于提升我国乳品品牌竞争力，避免乳品产业集聚区产品同质化、品牌生态位重叠、资源配置低效等现象的发生有着重要意义。

本书的出版得到了中国流通研究院产业经济学科建设经费的大力支持。

祝合良

2016 年 5 月

前　言

　　产业集聚（Industry Cluster）和品牌生态系统是经济管理理论和实践中的热点问题。现阶段的研究主要是有关产业集群和品牌生态的独立问题研究，而对产业集聚和品牌生态之间的关系研究则相对较少，具体到乳品产业的产业集聚以及由此而导致的乳业品牌生态系统的研究则较为缺乏，相应的研究文献和理论进路尚待扩展，本书拟对此领域进行一些探索。

　　肇始于18世纪后半期的产业革命所引发的一个重要后果，就是在工业经济领域内的区域差异，这符合古典经济学的要素禀赋说和规模经济或规模报酬递增理论的原理。也就是说，随着厂商生产产品数量的增加，其生产产品的平均成本日益下降，按照最简单的蛛网模型，即从投入—产出的直接结果来看，每一单位的投入将大于每一单位的产出。信息的频繁交互与互联网的普及极大地压缩了时间和空间，并诱发了新的经济区域的划分，空间经济学将区域、资源和信息引入到经济学之中，这很大程度上可以解释经济和产业活动在何地发生以及为何发生，这是与以往理论视阈的不同之处，值得我们对此进行新的考察和研究。

　　按照产业集聚理论阐释，Alfred Marshall认为，产业集聚是相同行业或同一行业中不同级别的企业集中在一起，通过专业化分工从而获得某种外部经济优势的过程。专业化的分工和地理邻近是产业集聚的主要特征。随着经济和技术的发展，运输成本、竞争优势和外部经济环境都是导致产业集聚的重要因素，这些因素由此形成集聚经济或集聚优势，这种优势不只在单一企业内部产生，也在同一产业内部的不同企业之间产生。

　　本书所论述的产业集聚现象的内涵和外延较为广泛，但研究的焦点放在乳品产业。乳品产业集聚不仅包括乳品加工业，也部分地涵盖乳品产业链上下游的服务业业态等，这是将产业集聚和品牌生态系统进行结合研究的必然逻辑延伸。乳品服务业包括很多方面的业态，在其现实表现方面也具有第二产业的集聚特征。在本书的论述中，乳品产业集聚主要包括两个方向：其一是内生型，也就是区域内自发形成的本土企业和自发集中；其二是扩张型，也就是产业由于资源的区域特性和要素禀赋而进行的跨区位转移的空间集聚。"集聚"作为一个概念在本书中既表示产业在空间区位上的集中和成长过程，也表示产业在空间上的分布状态。

与此同时，集聚也会产生其自身的相对方面，这就是产业的"分散"，这很大程度上得益于当前的信息扩散、物流和文化传播。分散亦指涉两个方面的含义，即动态和静态：动态的分散意味产业的扩散，静态的分散可谓是产业的分布状况。因而，集聚不是单纯的空间集中，也表明了产业扩散的一个动态过程，但并不一定是制造业和资源意义上的扩散，而是偏重于产品和文化方面的扩散。如内蒙古自治区在乳品产业集聚方面具备良好的空间区位优势，但是，其相关产品不仅仅局限于这一区位，同时也依托于当前的物流和信息技术等因素向其他空间扩散。产业集聚的分散也是企业发展和集聚产业不断进化的重要路径。

依据以上的理论分析，本书将产业集聚与品牌生态系统理论相结合，研究二者的相关性。品牌经济和资产、品牌文化和个性、品牌营销和溢价等，是当前企业发展战略和品牌竞争力研究的重要维度。品牌生态系统便是在此基础上的理论综合，而不是简单的堆砌。如果从逻辑发生的角度切入对产业集聚和品牌生态系统交互性的探讨，那么可以说，产业集聚直接导致了品牌生态系统。内生型的产业集聚引发了同一产业中不同企业的空间集中，品牌自然地在同一区位集中在一起，并构成了依托于生物学隐喻的生态系统。亦即，在生态系统中的品牌作为有机的人工生命体，具有复杂适应性（Complex Adaptive System）、自组织和进化的特性。品牌的这些特性反过来对产业集聚的发展、升级和分散产生着直接的影响。

如前所述，"集聚"一方面表现为产业在空间区位上的集中和成长过程，也表示产业在空间上的分布状态。这种分布状态很大程度上可以通过品牌生态系统进行定量描述，也就是品牌的数量特征，体现在以下三个测量维度：其一是品牌的相对多度。在品牌种群生态中，要想获得较多的资源占有和竞争优势，或者在价值产业链中占据主导地位，品牌的差异化和数量是很重要的指标；其二是品牌种群生态中的品牌密度。品牌密度指标可以直观地表示集聚产业的品牌发育程度和同类企业的竞争程度；其三是品牌种群生态中的品牌集中度。产业集聚直接导致品牌的集中，由此也必须对品牌集中度进行标识。品牌集中度主要通过市场份额进行计算并判断，这一方面可以表示品牌的市场价值链，另一方面也可以分析产业集聚的发展程度。在对品牌分布进行描述的计量分析中，生态位是一个重要概念，它可以直接表明企业在空间集聚中所占据的资源和竞争优势。

产业集聚必然会从空间区位向外进行分散，在当前的品牌竞争中，同一产业的产品分散很大程度上以品牌分散来进行描述。品牌的差异化策略，具体而言就是品牌的泛化和特化，伴随着品牌文化的弥散。乳品产业本身就承载品牌文化传播的作用，为了开辟更为广阔的营销市场，产品不可能仅局限在产业集聚的空间区域，而要扩展到国内外的市场领域，此时品牌就发挥着重要的作用。强势品牌在对外拓展的过程中，产业的整体形象、质量和竞争力也得到了不断提升，同时，在这个过程中，由于生态位的分离，为产业集聚空间区位内的中小企业发展提供了新的成长空间。

这样的不断交互和促进的过程，我们称之为品牌生态系统和产业集聚的协同进化。品牌生态系统协同进化是指，品牌生态系统中某一个品牌或几个品牌、与品牌相关的政策要求、市场资源环境和企业品牌战略、品牌文化等属性，为了适应产业集聚和系统中其他部分属性的进化而进化，同时品牌生态系统中其他部分也由于回应这种进化而不断进化，最终导致品牌生态系统日趋高级复杂而趋于有序的社会现象。产业的集聚不断地拓展自己的资源、政策和产品生存空间，继而推动集聚产业的不断升级优化。

本书内容主要分为六章：第一章，绪论，论述了本书的研究目的和框架；第二章，有关理论阐述——历史与现状，对相关的研究成果进行了简要的梳理；第三章，我国乳品产业集聚与品牌发展状况，对我国乳品产业集聚和品牌状况加以概述；第四章，我国乳品产业空间集聚的实证分析与品牌生态系统，从定量的角度对我国乳品产业集聚现状进行了分析，并将产业集聚与品牌生态系统进行了理论上的结合与阐释；第五章，我国乳品产业空间集聚的品牌生态系统演化及风险，论述了产业集聚和品牌生态系统的交互演进及风险管控；第六章，我国乳品产业集聚品牌生态系统的品牌间性，提出了品牌间性的概念，并尝试描述品牌生态系统和产业集聚的协同进化。

本书就上述领域探赜索隐，也算是一点自己的感想和微薄的贡献，肯定存在一些缺陷和不成熟之处，目的是抛砖引玉，期待方家指正。

在书稿即将付梓之际，内心充满了感慨。本书在写作的过程中得到了我的导师祝合良教授的悉心指点和热情关怀，使我在理论水平方面得到了很大提高，在文字上也润色不少，此情永铭于心。在数据收集方面，蒙牛集团有关部门和领导给予了大力的支持，在此表示深深的谢意。感谢我的父母及家人这些年给我的默默支持和鼓励。感谢我的爱人党春玲女士、女儿烨萱，因写作而难以陪伴她们，她们的理解、支持和爱意是我前进的动力和幸福的源泉。此外，在本书一些观点佐证、数据整理和研析方面也得到了同窗好友们的帮助，在此一并表示感谢！

张志明

2016 年 3 月初于北京

目　录

第一章 绪 论

第一节 研究的背景和问题

一、经济新常态促进产业集聚升级

十八大以来，我国经济社会发展进入了一个"新常态"发展周期。这是当前和未来很长一段时间我国经济的主要发展态势。习近平总书记在2014 年 11 月 9 日亚太经合组织（APEC）工商领导人峰会上的讲话中对"新常态"的特点做了如下总结：其一是经济发展速度由之前的高速增长转为中高速增长；其二是经济结构由之前的粗放型增长不断向效率集约型优化升级；其三是经济增长动力由以往的要素驱动、投资驱动转向创新驱动。由此可见，新常态的确会对经济和企业产生重大影响：首先是经济增长速度的放缓对相关产业造成了一定影响，由此必须调整企业战略和资源配置；其次是出于生态环境、资源利用效率和产业结构的变化，企业也必须由此展开产业结构的升级调整；最后是由于资源的相对有限和供给的相对稳定，利润的投入产出比已经达到极限，因而，创新成为企业利润增加和全面发展的核心动力和要素。

在这个过程中，产业集聚因对特定空间区域经济社会和市场的发展、产业之间的竞争力的提升等有着重要影响，而成为经济发展和经济管理理论的热点问题。❶国家在制定新的经济发展策略中对之有着广泛的关注。这里似乎有着矛盾的一面，即在经济一体化和全球化的背景下，产业空间集聚似乎已成为明日黄花，但在实际经济生活中却恰恰相反，在目前的经济发展趋势中，集聚依旧具有明显的产业发展趋向。无论是诸如互联网企业的高新技术产业、作为"双创"集聚平台的产业园和科技园，抑或劳动密集型产业，等等，都存在明显的产业集聚现象。例如，美国的硅谷、意大利的瓷砖业和纺织产业、印度班加罗尔的软件产业、英国伦敦的金融业等都是很好的例证。产业集聚现象广泛存在并有进一步发展的现实状况，这就较好地说明，区域特征依然是经济活动不可忽视的重要因素。

此外，对于特定产业而言，产业集聚受空间上的地理环境因素和资源要素限制。例如，对于互联网企业而言，产业集聚更多是一种集群的技术、创新、上下游企业的推动关系。但对于依赖空间区位和要素禀赋的产业而言，空间集聚是一个必然的发展模式。❷乳品产业就是如此，其技术创新、人力资源和市场销售等，在当前的技术和运输条件下很大程度上不受空间地理环境因素的制约，但是其生产要素和资源却受到地理环境的极大制约。这展现出了两方面的典型特征：其一是产业空间集聚与经济增长密切联系在一起，集聚的中心往往也是增长的中心和技术创新的核心；其二，这种状况也导致了空间发展的不平衡，引发了区域间的经济差异，表现为特定空间产业结构的不同，这个趋势对于资源依赖性产业而言很难被扭转。基于我国当前的社会经济状况和面临的经济新常态而言，在今后很长一段时期内，产业集聚仍然是最值得关注的经济现象之一，对产业集聚经济规律的认识，将直接影响甚至决定着国家宏观区域经济政策的走向。

对乳品产业而言，其空间集聚现象是很明显的，这主要在于其对资源和要素的依赖。乳业发展依赖优质的奶源，这就需要养殖的规模化和丰富的草场资源，否则就难以降低生产成本。比如，世界公认的黄金奶源带在南北纬40°~50°的温带草原，乳业企业必然向这一空间集聚，以获得产业

---

❶ 洪群联. 产业集聚与区域创新研究［M］. 北京：经济管理出版社，2013：9.

❷ 向永辉. 区位、集聚与地区间 FDI 竞争——基于空间互动的研究［M］. 上海：上海交通大学出版社，2014：46.

生存所必需的资源，从而不断发展壮大。如果缺乏持续不断的资源供给，即便是技术不断更新，也难以弥补产品质量和成本的劣势和差距。

与此同时，品牌亦是当前企业竞争的主要因素之一，品牌对于企业产品品质、无形资产和价值链的有效连接有着极为重要的地位和作用。❶ 产业集聚所引发的主要后果之一便是表现为不同企业的产品品牌之间的集聚。也就是说，在特定空间区域中，产业集聚空间范围内存在同一产业中不同企业的诸多产品品牌，它们之间亦构成了交互的关系，这一系列关系统称之为"品牌生态系统"。

品牌作为企业重要的资产和要素，对企业发展的作用日益凸显出来。也就是说，品牌及品牌生态在新常态下有助于提升企业的竞争力、利润率和资源获取的能力。❷ 品牌及品牌生态建构永远不会处于常态模式下，对品牌和品牌生态的创新才是新常态。就我国乳业现阶段发展状态来看，只有从以往的粗放式向集约型、创新型发展，不断调整产业结构，促进资源优化配置，不断提升技术和产品质量，打造具有竞争力的品牌效应，才能适应经济新常态。经济新常态的到来，使得乳业产业品牌建构之急迫性日益凸显，并且成为企业运营发展、产品质量以及品牌竞争力提升的不可或缺的方面。

二、供给侧结构性改革与乳品产业调整

自习近平总书记于 2015 年 11 月 10 日召开的中央财经领导小组第十一次会议上首次提出"供给侧结构性改革"后，这一略显生僻的经济学名词便迅速成为流行词汇，不仅出现在各种文件里和会议上，也成为社会大众关注并热议的焦点。我国经济新常态伴随着国家提出的供给侧结构性改革。这就意味着，从以往拉动经济发展的"三驾马车"——投资、消费和出口，这一需求侧管理，转向了与之相对应的供给侧管理。供给侧强调的

---

❶ 西尔维·拉福雷. 现代品牌管理 [M]. 周志民，等，译. 北京：中国人民大学出版社，2012：88.

❷ 戴维·阿克. 管理品牌资产 [M]. 吴进操，常晓虹，译. 北京：机械工业出版社，2015：12.

是劳动力、土地、资本和创新四大要素，重在从经济运行的源头入手，从产业、企业角度观察认识问题，强调供给体系的质量和效率，更加突出长远的经济结构调整、转型和升级。我国农业在长期发展的过程中也积累了诸多结构性的矛盾和问题，同样急迫需要着力推进供给侧改革，供给侧一词在 2016 年首次写入中央"一号文件"中，在一万五千多字的全文内容中，该词尽管只直接出现过一次，但通篇内容已体现出了供给侧改革的清晰思路。当前，我国农业在经济运行中存在总量平衡的问题，但突出的问题是结构性问题，推进农业供给侧改革，需加快推进种植业、畜牧业、渔业的结构调整，推动农牧渔结合、粮经饲统筹、种养加一体、一二三产业的融合发展，不断适应和满足市场需求，保证在调整过程中要调优、调高、调精，确保"舌尖上的优质"。❶

对乳业来说，如何调整思路，把握住供给侧改革带来的发展机遇，需要乳业企业家们的果断决策，抓住改革的有利机会，及时转变和调整冗余落后的产能，在综合利用乳品资源、充分利用信息技术不断提升乳品加工、乳制品质量安全、生产效益等方面下功夫，与此同时，还应寻找合适的整合并购机会。

近些年，我国经济发展迅速，城镇居民对乳制品的需求量日益增加，但我国乳业却面临着窘境。国内的乳品品质不高，很难占领高端的市场，与此相反，很多人却通过代购、出国旅游、朋友捎带等多种方式购买国外的乳品。这说明我国经济的状况，并不在于短期需求，而在于中长期的供给。根据奶业协会信息网的数据，2009 年，我国乳品进口量为 59.69 万吨，而 2013 年，进口量激增至 159.22 万吨，四年中增长 100 万吨。我国乳制品进口的主要来源国是美国、新西兰、法国、澳大利亚以及西欧、北欧的国家等。较之国内，进口乳制品价格也相对偏低，对我国乳业的发展造成了较大的影响和冲击。2014 年有关数据显示，进口乳品折合原料乳达1200 多万吨，占全国奶类总产量的近 1/3 强。这说明，我国居民对乳制品的需求有着广阔的市场前景，关键在于乳业的供给从品牌、质量和价格等

---

❶ 陈秋衡. 抓住供给侧改革的机遇 [J]. 农经，2016 (3)：10.

方面都与国外乳业品牌有着一定的差距。自 2008 年婴幼儿奶粉事件对奶业造成的重大影响以来，我国消费者还没有恢复对国产乳制品的消费信心，供给侧结构改革可谓是乳业振兴的一个重要契机。

我国产业集聚实践中存在着企业发展、政府政策等因素背离产业集聚发展规律，政府或产业主体趋利选择，过分干预发展区域主导产业的现象。导致了产业集聚区产品重复、品牌生态位重叠而引发的恶性竞争、资源错误配置的低效率等诸多问题。因而，产业空间集聚及其品牌生态关系研究，也是对资源的空间配置进行结构性考察和分析。这就会从供给侧结构性改革方面提供经济发展的动力，其一是需要资源空间配置与区域自然优势的协调；其二是资源空间配置对特定区域的文化和价值的弘扬与匹配。这既是资源和技术的供给，也是文化和品牌的供给。

产业集聚很大程度上是经济新常态下的供给侧结构性调整，供给主要包括技术创新、资源要素、政府政策、市场和文化等方面。品牌是其中非常重要的供给内容，品牌生态的有序合理发展与协同进化是供给侧方面的重要内容。品牌供给也意味着，提高我国乳品产业的国际竞争力，诸如与雀巢、达能、Arla 等国际知名品牌之间的竞争，这就是产业集聚和品牌生态系统之间相互促进和发展的空间溢出效应。

三、乳品产业面临的发展和结构优化问题

2008 年以来，我国乳业进入整体产业调整期，同时也是新市场的快速扩展时期。从大的消费市场和群体看，城镇居民对乳制品的需求日益增加，随着人们对乳品营养的进一步认知，乳品消费从轻奢消费品逐渐成为居民日常生活的必需品。乳业的产业链模式不断被建构，企业加快上游奶源建设布局，乳品加工业集中度也在进一步提高，借助融资进行并购整合的案例也时有发生。未来几年，乳品消费增长仍将比较缓慢，整个产业将加快整合，企业融资并购将更加频繁。伴随行业环境改善，产业逐步实现由粗放式向集约化发展的转变。中小城市及城镇居民将是未来中国乳品消费实现快速增长的生力军。根据中国奶业年鉴统计数据，2008 年全国城镇居民人均乳制品消费支出额是 189.84 元，消费支出额连年增长，2012 年

的这一数据达到 253.57 元，占当年全国部分大中城市城镇居民食品消费支出的 4.20%。

与世界发达国家相比，我国人均乳品消费量仍然偏低。根据中国奶业统计年鉴数据，2010 年，世界人均乳品消费量约为 100 千克，在亚洲，人均乳品消费量也超过 40 千克。根据 2009 年我国人均乳品消费水平计算，仅为世界平均水平的 1/4，亚洲平均水平的 1/2 强。因而，从消费增长潜力来看，未来国内乳品消费仍有很大的增长空间。

我国牛奶产量近年来取得了可喜的发展，与乳业产奶大国的距离在不断缩小，例如我国 2000 年的产奶量为 842.0 万吨，与亚洲邻国日本基本持平，但与同在亚洲的印度的 3296.7 万吨相较差距甚大。2012 年，我国牛奶产量达到 3743.6 万吨，比 2000 年翻了近 4 倍，但从深层次的数据分析来看，人均牛奶消费量以及奶牛单产的数量目前还不太尽如人意，还有较大的提升空间。2000—2012 年世界主要国家牛奶产量详见表 1-1。

表 1-1　2000—2012 年世界主要国家牛奶产量

（万吨）

国家	2000 年	2005 年	2010 年	2011 年	2012 年
印度①	3296.7	3975.9	5490.3	5738.7	6010.0
中国	842.0	2753.4	3575.6	3656.0	3743.6
日本	849.7	828.5	772.1	747.4	763.0
韩国	225.3	223.0	207.3	188.9	211.1
巴西	2036.0	2535.9	3163.7	3305.4	3370.5
阿根廷	1011.1	977.8	1061.7	1154.2	1167.9
欧盟（27 国）	14946.4	14965.7	14902.6	15191.0	15195.6
德国	2833.1	2845.3	2963.0	3033.6	3050.6
法国	2497.5	2488.5	2401.0	2507.0	2468.2
波兰	1190.0	1190.1	1227.9	1240.5	1266.0

国家	2000 年	2005 年	2010 年	2011 年	2012 年
英国	1448.9	1447.0	1385.2	1407.1	1384.9
意大利	1087.7	1089.7	1100.5	1109.3	1115.0
荷兰	1112.5	1083.5	1182.9	1184.6	1188.1
西班牙	590.0	655.3	635.7	648.8	650.2
爱尔兰	526.0	516.3	543.5	565.0	549.0
美国	7600.4	8025.4	8747.4	8897.8	9086.5
墨西哥	959.1	1016.4	1099.7	1104.6	1127.4
加拿大	816.3	824.1	843.4	854.6	877.0
俄罗斯	3193.8	3144.0	3184.7	3164.6	3191.7
乌克兰	1243.6	1342.4	1097.7	1080.4	1108.2
新西兰②	1333.3	1516.3	1716.9	1896.6	2057.2
澳大利亚③	1086.2	1039.2	937.3	976.5	947.6
全球	48928.4	54937.0	60800.1	62416.5	63728.8

备注：①奶业年度为 4 月 1 日至次年 3 月 31 日，2011/12 奶业年度为估计数；

②2000 年及 2005 年数据为 2000/01 及 2005/06 奶业年度（6 月 1 日至次年 5 月 31 日）数据；

③奶业年度为 7 月 1 日至次年 6 月 30 日。

资料来源：《中国奶业年鉴 2014》。

近几年，我国在原料奶生产方面的增长速度较快，但乳业市场中原料奶的供应还较不稳定，供给和需求也时常出现不平衡状况。作为乳业产业链条和整个乳业市场的重要组成部分，原料奶的供求矛盾很大程度上可以反映乳业市场的波动情况。原料奶供求间的矛盾主要包括，原料奶生产与乳品企业数量、加工能力间的矛盾以及优质原料奶供给与需求间的矛盾。在乳业市场中，就原料奶生产与乳品企业数量及加工能力间的矛盾而言，如果某段时间内，奶牛存栏量增加较多，原奶供应量激增，而乳制品加工企业的数量和加工能力有限，乳业市场上会出现供过于求的局面，造成"奶剩"现象，从而导致如 2005—2006 年奶农倒奶、杀牛事件的发生，而在 2014 年由于生鲜乳价格持续下跌，农业的生产成本高于所得收益，奶农也选择倒奶、杀牛以规避风险。

优质原料奶供给与需求间的矛盾则主要聚焦于原料奶质量问题，当生鲜乳的价格持续下降，生产原料奶的农户收益得不到保障，加之规模化牧场增长未能弥补散户小规模养殖退出带来的原料奶供需缺口，乳业市场即会出现供不应求的状态，鉴于近年来乳业市场频繁出现原料奶供需不平衡和乳制品的质量安全问题，由市场机制来自发调节乳业市场并不能有效缓解乳业市场的剧烈波动，在乳品市场转型升级阶段，我国原料奶的供求和整个乳业市场的波动仍受到诸多因素的影响，仍将面临错综复杂的局面。

与此同时，乳业环境出现新变化，乳品安全问题频繁发生，迫使政府出台更为严格的安全措施，加工产业开始转型升级。一方面，随着成本上涨及市场竞争更加激烈，大批中小企业倒闭，行业集中度进一步提高；另一方面，企业更加注重安全问题，并通过降低成本、生产方式升级来实现乳品安全生产。消费者乳品消费安全观念增强，注重食品绿色、营养的同时更加关注消费安全，中国乳品消费进入某种意义上的调整周期。随着居民收入增加和生活水平提高，在影响奶制品消费的因素中，价格对消费者来说已经不是较为敏感的因素，取而代之的是更多对乳制品的质量和品牌等因素的关注。

四、品牌生态成为乳品产业发展的重要推动力

近年来，国内乳品产业对品牌建设愈加重视，乳业企业的品牌意识、品牌观念包括品牌管理水平都有大幅度的提高。一部分乳业企业品牌早已超越了地域性的范围而走向全国乃至世界。诸如我国乳品企业中的品牌企业蒙牛、伊利已经进入"世界乳业 20 强"的行列。但是，从乳业品牌的发展现状来看，整体品牌管理水平尚处于较为初级的阶段，主要体现在以下几个方面。

1. 品牌的知名度不是很高

较之国际知名的乳业品牌，国内乳业品牌与诸如雀巢，达能、恒天然等国外品牌在品牌价值、知名度和影响力方面还有较大的差距，这也导致

了我国消费者对国内品牌的偏好弱于国外的知名品牌。虽然有伊利、蒙牛两家国内乳品品牌进入世界乳业排名前列，在国内的行业品牌知名度较高，但这两家企业品牌的国际化程度与国际知名乳企相比还有一定差距，尚有较大的提升空间。品牌及品牌生态在其中发挥着重要的作用，品牌的知名度和口碑深刻反映了企业产品的质量和消费者的购买意向。当提及摄影器材，我们首先想到的是 SONY、JVC 等品牌；提及电脑我们首先考虑IBM；提及手机首先想到的是就是苹果和三星；宝马、奔驰等品牌在汽车品牌里的提及率位居前列，这就是品牌的力量。

2. 品牌评价体系不健全

我国乳业企业品牌作为个体品牌，存在着评价体系不健全、品牌的要素和系统建设不完善、品牌与企业资产和利润率的结合程度较低等问题。根据国外的企业发展经验，品牌是一个企业产品、信誉和质量的标识，具有独立的生命力，犹如活的生物体，构成自身的生态系统，从而对企业的运营、发展和壮大起着独特的作用。品牌资产也在企业资产中占据重要份额，这是品牌自身的资本能力的体现。品牌的建设植根于品牌生态系统结构的完善，品牌之于生态系统的协同进化和相互促进，能够从质量、创新和技术方面全面提升我国乳业产品的竞争力和消费者忠诚度。供给侧指涉经济的结构性调整，同样伴随着企业的品牌系统结构变化。其中很重要的方面是优化产业、产品结构，提高产业品质，提升产业效能，这就与品牌生态系统结构发生直接的关系。

3. 品牌竞争处于无序状态

我国乳业企业品牌之间存在着一定程度上的不良竞争关系，不利于乳业整体的良性发展，阻碍了每个乳业企业品牌的发展前景。从乳业品牌生态来看，每个乳业企业品牌都构成了一个单独的品牌生态系统，它有机涵盖了企业的管理、资源、技术等内部因素，也与地域分布、文化差异、政策导向和金融环境等外部因素进行着物质、能量和资源的交换。对于单个的乳业企业而言，例如蒙牛，其企业品牌生态对于蒙牛的资源获取、顾客忠诚度、市场占有率及质量提升起着极为重要的作用。

现阶段，我国乳业发展进入了企业集群的空间聚集模式，在同一个市场区域范围内存在着不同的乳业品牌，这些不同乳业品牌之间构成了乳业集群的品牌生态系统，每个乳业品牌占据着不同的空间生态位，从而在市场占有率，资源获取能力等方面有着不同优势。

从我国经济发展新常态和供给侧结构性改革来看，品牌和品牌生态系统建设具有重要的理论和现实意义。经济发展新常态表明，我国经济放缓，突出的表现特点为从追求速度转向了质量，并由创新来拉动。

第二节　研究的目的和意义

一、理论阐释的新建构与新视角

本书从国家经济结构性改革理论与实践出发，丰富了乳业品牌和乳业产业集群品牌管理、发展和创新的生态理论。既对现阶段我国乳业品牌和乳业集群品牌研究存在的问题进行了厘清，同时也在理论方面进行了积极的探索。

在总结与回顾以往研究成果时，发现无论从理论维度、讨论的视角或是理论的相互结合方面，都有一定的局限性。以下分三个方面进行简要概述。

1. 研究的理论维度较为单一

在以往的研究中，主要涉及单个品牌和品牌的单一维度，例如论述蒙牛、完达山等单个品牌的品牌资产、品牌营销策略等。

对单个企业而言，其品牌可以作为一个小的生态系统，在产业集群更为宏大的生态系统中占有特定的生态位，不同的品牌之间存在着资源、市场和顾客的竞争。不同企业品牌之间应避免恶性竞争，而应相互合作、协调和协同进化，通过良性竞争达到整体质量、资源和市场占有率的提高，尤其是在与国外品牌的竞争中占据优势。本书从品牌生态系统、生态位、生态系统结构和协同进化等视角对此深入探讨，为乳业品牌的良性竞争、发展和品牌生态的整合提供新的视角。

2. 研究的方法与视域较为局限

在以往的研究中，研究方法较为陈旧，偏重于传统的品牌管理模式，从一个侧面来论述品牌的作用和功能，缺乏整体性的视角和方法。

本书对乳业从品牌生态角度研究，很大程度上摆脱了传统的"机械论"模式，将品牌视为与生物类似的"有机体"，品牌因之构成了相应的生态系统，可以更为全面、精确的分析品牌的发展规律、相互之间的协同进化和竞争模式。关于品牌生态系统和产业集群品牌生态系统的有关研究成果颇丰，但专门从品牌生态角度对乳业进行研究的，在国内几乎是空白。

本书从两个层面加以探析。第一是较为宏观的层面，将乳业品牌生态因素纳入到国家经济改革的战略之中，并从乳业产业集群视角剖析品牌生态系统及其构成要素间的相互关系。第二是微观层面，具体到某个企业的品牌及产品品牌，企业品牌生态系统及产品品牌生态系统，着重分析名牌品牌生态系统——蒙牛、伊利等，从而构建较为全面的乳业品牌生态系统理论框架。

3. 理论研究中融贯的契合点较少

传统乳业品牌研究未将我国的乳品产业作为一个品牌集合体或产业集群来对待，这样就难以对我国乳业全面协调发展加以审视，不利于我国乳业整体竞争力的提升。

本书从经济新常态和供给侧结构性改革的国家战略出发，与品牌生态系统理论密切结合，从而丰富了供给侧结构性改革的内涵，并对乳业具体产业的结构调整、强势品牌建设、提升产品质量和品牌生态结构优化、协同进化等方面提出笔者的理论建构。传统上对品牌的研究缺乏宏观经济视角，也就是没有与国家的战略调整和产业布局密切联系，从而不免失之片面，就品牌论品牌，难有质的提升。品牌生态系统包含了政策环境、经济环境、市场环境和人文环境等要素，将之综合系统地考虑有利于建设强势品牌，提升品牌竞争力。

综上所述，本书的相关研究吸收了乳品产业空间集群、乳业品牌营销和管理、生态学、进化论等理论的精华，并使之有机地整合于"品牌生态系统、品牌生态位和相互之间的协同进化"这一主线，不论是研究视角、研究思路还是研究方法都具有一定的创新性。

二、现实语境下的应用范式

我国改革开放以来，产业集聚成为非常突出的经济现象，学术界对此一直很重视。由于产业集聚与经济增长、技术创新和产品竞争力等有着直接的关系，我国各级地方政府近些年在品牌产业集聚方面也表现出极大的热情，产业集聚的行业性质与地区要素资源的契合是区域竞争中谋求差异化协调发展的重要条件。深入研究和探讨产业集聚、考察产业集聚特性和要素、产业集聚品牌生态系统的交互影响等，对于提升我国产业创新的品牌竞争力有重要意义。

乳品产业集群、空间资源聚集和分布以及由此而形成的品牌生态系统，是乳业产业结构调整、优化产业结构、提升产品质量的重要条件。但关于乳业产业集群品牌生态系统的相关理论研究却鲜有论述，难以满足乳业产业在经济新常态下的发展实践需求，也不能很好地适应供给侧结构性改革的要素配置和产业结构优化的国家战略。因而，从现实消费状况来看，我国乳业国内产业链模式相对滞后，乳业企业之间资源争夺处于无序状态，与国际乳业品牌竞争处于劣势。这也表明，我国乳业的发展模式相对落后，发展目标不是很明确，因而整体产业盈利不高，难以形成较为稳定的顾客群体。

我国乳业品牌在协同进化、有序建构品牌之间的合理空间生态位，有效分配资源形成产业优势等方面的经验尤为缺乏。乳业产业集群品牌"集而不群、形聚而神散"的状况，很难达到部分之和大于整体的效应。在这种状况之下，本书从系统论、生态学等理论基本观点，结合品牌生态的相关研究，对乳业产业品牌及产业品牌集群之间的生态位、资源交换、协同进化等方面进行研究，以期有助于乳业整体产业之间的相互关联、协调、借力和共同进化，从而通过发挥产业集群优势来打造强势企业品牌，优化产业结构和资源配置，提升乳品企业产品的质量和数量，降低企业成本，摆脱我国乳业发展势头较慢、竞争力弱的现状，为国家的供给侧结构性改革做出乳品产业应有的贡献。

第三节　研究的方法与创新之处

一、研究的方法

1. 隐喻的方法

隐喻，通俗地来讲就是比喻和映射，它是指概念思维和理念范畴在不同事物之间的类比或转向，是人类对客观世界加以认知和理解的重要方法和工具。隐喻方法使用的前提是所比较的两个事物之间具有内在的相似性和可比拟性。概念和数量映射关系如图 1-1 所示：

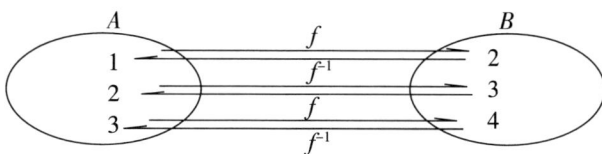

图 1-1　映射关系图

就本质而言，隐喻需要内容载体，在特殊的语境和语用中形成概念内涵或者说语义映射，隐喻并非技巧性的方法而是一种思维方式，它在异质的空间范畴中建立相互对照或对应的关系。一旦我们发现隐喻的源事物和目标物之间有内在的结构性与对应性，就可以将源事物的模型与目标物之间建立起联系。

将乳业产业品牌隐喻为生物体，乳业产业集群可以隐喻为生态系统，这样就可以从生态学的角度来建构乳业产业集群品牌生态结构和系统，并由此分析不同乳业品牌的空间生态位分布，实现乳业品牌生态环境的协同发展。由此出发，有效建立描述乳业品牌生态系统的复杂性现象及其内在机理，并由此通过转喻建构出影响品牌生态系统的相关要素因子、空间结构和发展过程等。隐喻与转喻关系如图1-2所示。

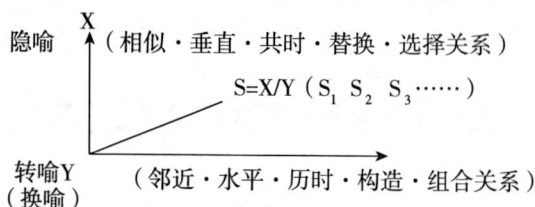

图1-2 隐喻和转喻坐标图

2. 案例分析法

案例分析法是品牌研究中十分常用的方法之一。运用隐喻方法，在品牌生态理论的基础上，建构乳业品牌生态结构和理论模型，对乳业产业集群品牌之间的生态系统和生态位进行全面分析。采用生态位理论和计量方法，对乳品企业品牌和产品品牌进行了专门的案例研究，全面分析了乳品企业品牌的生态系统结构及与其他乳业品牌的协同关系，指出乳业产业品牌现在面临的问题、发展的方向以及与国家战略的契合，从而提出有效的对策，以期在实践中有一定的现实指导意义，能够对我国乳业品牌建设和发展提供例证。

3. 实证和定量研究法

在建构乳业品牌生态系统结构模型的基础上，按照所选取的影响品牌生态系统和空间生态位的有关变量、要素和因子，设计相应的初始问卷。同时，选择符合一定品牌发展和建设条件的企业进行样本问卷调查，通过对相关乳业企业进行深入调研、走访、座谈，在对第一手材料分析的基础上修订问卷，由此编制出正式调查问卷，然后归纳和整理数据，用SPSS16.0统计软件和相关测度模型与函数等工具进行分析，从而对相关研究假设进行检验。

4. 其他相关研究方法

鉴于乳业产业集群品牌生态系统结构和空间生态位、协同发展模式等内容具有相当的复杂性，所以除了上述研究方法外，还运用了文献研究、系统分析、仿真模拟、规范研究等方法。

二、研究的创新之处

1. 运用产业集聚和生态学理论对乳业品牌进行研究

品牌战略和品牌生态对于优化乳品产业结构、提升产品质量和企业竞争力有重要作用。但是目前关于乳业品牌的研究主要侧重品牌的某一个侧面或维度，对品牌生态系统、品牌生态位及与资源和环境的关系研究在很大程度上有所缺失。

事实上，乳品产业不仅在空间上有聚集，在品牌方面也有着资源、能量和信息的交流，从而构成了与生物体类似的生态系统。生态系统维持稳定和进化结构的动力在于竞争，这种竞争是协同竞争而不是无序竞争，其本质是协同发展，从而有效配置资源和占有各自有利的空间生态位。

本书将乳品产业空间聚集和品牌交互及与其所具有的生态学特征通过隐喻方式加以结合，从系统的、开放的、联系的、有机的视角出发，综合运用品牌管理学、生态学和空间计量经济学等理论，采用隐喻分析、典型案例分析、实证和量化分析等多种研究方法，对产业集群品牌生态系统结构和协同发展问题深入探究，从研究理论的学科交叉性、研究内容的结合性、视角和思路的新颖性等方面来说，都有一定的创新点。

2. 建构出乳业品牌生态系统结构要素分析模型和协同发展机制

本书从不同的层面建构了乳业品牌生态系统结构和交互模式，包括乳业个体品牌的生态系统、乳业产业集群品牌生态系统、乳业品牌之间的空间生态位分布和协同发展模式等。通过具体案例分析，找出适合乳业品牌生态系统有序协同发展的机制，为我国乳业和谐、有序发展以及供给侧结构调整提出相应的参考性建议。

3. 将乳业品牌生态纳入到国家经济改革战略之中

我国经济步入新常态对国民经济中每个产业都有直接的影响，乳业自然也不例外。因而，乳业产业发展必须从国家整体经济战略和宏观经济调整中加以考虑。当前国家经济策略的调整主要从需求侧转向供给侧，如图

1 – 3 所示。

需求侧三驾马车　　　　　　　　供给侧四大要素

投资　　劳动力

消费　→需求侧刺激　→供给侧改革　　土地

出口　　资本

创新

经济增速　←　经济潜在增速

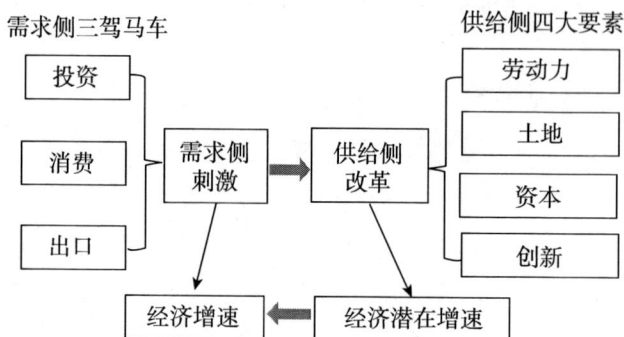

图 1 – 3　需求侧与供给侧对比图

供给侧结构性改革的发力方主要在供给者，在供给四大要素方面，品牌占据重要地位。品牌作为一个生态系统，与劳动力、地域空间、金融资本和技术创新、政策等都有着内在的有机关联，而且品牌是属于供给侧方面的内容，它是企业应当提供给消费者的。从这个意义上来说，品牌生态系统是供给生态系统，只有将品牌生态系统不断完善、协调、发展，才能适应并促进产业结构的调整、产品质量的提升和市场资源的有效配置。为我国经济的潜在增速提供内生性的供给侧动力，为经济的增长贡献力量。

第四节　研究的逻辑思路和内容框架

一、研究的逻辑思路

在当前经济社会发展的大背景和创新驱动的战略下，以知识、技术和品牌等为代表的无形资产在市场竞争和价值链构成中的地位和作用越来越重要。因而，增强自主创新能力、提高产品品牌意识已成为我们调整产业结构、促进产业升级的重要选择。发展产业集聚，促使潜在的资源空间区位优势转化为实际资源优势并提升区域的资源整合水平，进而增强区域竞争力，也同样为政府和学术界所重视。对于乳业来说，其产业空间集聚现象较为明显，受空间区位的影响也较大，是一个典型的产业集聚研究类型。

产业集聚所导致的结果之一就是产业集聚品牌形成生态系统。产业集聚品牌生态系统与集聚品牌价值关联的要素之间互为基础，以集聚品牌价值发展创新为运作内容，具有对区域社会经济发展较强的推动能力和促进作用，在以品牌竞争为核心的区域经济竞争中能够为区域竞争优势及其绩效带来实质性的意义。产业集聚品牌生态系统与产业空间集聚的相互匹配和促进，不仅可以增强企业、产业、区域乃至国家的竞争力，也能够带动相关集聚产业的快速发展。在区域经济竞争激烈化和复杂化的背景下，进行适合区域经济社会、市场和产业集聚发展的品牌生态系统方面的研究，是必要的而且应当加以重视。产业集聚这样一种介于企业和市场之间的新空间经济组织形式，因具备空间资源集聚性、要素配置合理性、专业化分工和网络互动性等特征，成为促使集聚空间区位内企业品牌优势提升和区域品牌塑造、发展的理想载体。

当前，我国乳品产业集聚虽有很大程度的发展和提升，但是多数企业和集聚空间模式仍然处于技术含量低、产品同质化严重、缺乏优势品牌支撑的发展窘境。如何促使我国乳品产业集聚从全球市场价值链低端突破、升级并持续发展，是当前我国乳业区域经济发展所必需关注和研究的一个重要课题。因而，集聚品牌生态系统的培育是推动产业集聚持续发展的有效推动力和必然选择。市场竞争力强的品牌既能够吸引优质的资源要素在集聚空间区位内实现共享，在不断提升集聚企业协同进化能力和创新能力的同时，也能够利用集聚品牌的搭载效应和辐射效应，驱动集聚空间区位内的企业发展，特别是突破中小企业在产品品牌化进程中"有品无牌"的发展困境和竞争力低迷的现状。

二、总体框架结构

本书从逻辑上分为三大部分，其内容框架如下：

第一部分是第一章及第二章，为本书内容的立论基础，包括研究背景、研究对象、研究方法，研究的目的和意义，研究方法及本书所涉及的国内外的研究综述。

第二部分是第三章及第四章，为本书的主体内容部分。从我国乳品产业集聚与品牌发展状况展开论述，对我国乳品产业空间集聚进行实证分析，建构空间集聚实证分析与品牌生态系统之间理论架构与内在联系。

在第四章中，通过对我国乳品产业空间集聚现象进行计量分析，阐释了我国乳品产业目前的发展状况及存在的问题，并以我国 29 个省份，2009—2013 年空间面板数据为样本，分别运用固定效应、随机效应的空间滞后模型和空间误差模型，对我国乳品产业集聚及其影响因素进行了分析和探讨。

第三部分是第五章与第六章，这两章内容是对第三章、第四章内容的进一步阐释与延伸。在这两章内容中，整体论述的内容将产业集聚与品牌生态系统按照要素间的结构性对应关系关联起来，并从中发掘二者之间的相互影响，由此来深入分析品牌生态系统发展与产业集聚发展之间的交互性。

第五章较为深入的分析了在产业集聚背景下，品牌生态系统的演化及其面临的风险，表明了产业集聚与品牌生态系统发展存在着内在的一致性，表现为初始阶段、发展阶段和优势品牌阶段的生态系统发展模式，由此也可以解释产业集聚的发展演化取向。论述中，将产业集聚空间区位的多种要素，如经济市场要素、环境要素、社会文化要素和政府政策要素等与品牌生态系统发展结合起来，探讨了品牌生态系统的结构性功能及其对产业集聚发展的直接影响。同时，产业集聚的主要因素，诸如技术创新、政策导向、行业模式等都会对品牌生态系统产生正面或负面的影响，为此，要规避影响品牌生态系统良性有序发展的风险因素，促进其不断成长和可持续发展。

在第六章中，从较为微观的层面分析了产业集聚品牌生态系统中品牌间性的关系问题。这其中包括对品牌生态位的分离与重叠、品牌的泛化和特化、品牌的协同进化等内容的探讨。在这个过程中，始终将产业集聚和品牌生态系统视为一个交互的主体，既论述了个体品牌发展的进路，也深入分析了品牌种群之间的交互关系，以及品牌生态系统协同进化与产业集聚发展的正相关作用。

通过研究，希望能给乳品产业品牌在乳品产业集聚发展过程中，在制定产业发展政策、进行品牌战略规划时，充分考虑空间机制作用对产业集聚的影响，并且在品牌战略的影响和互动关系方面提供一定的参考。

第二章 有关理论阐述——历史与现状

按照本书的研究框架，这一章主要梳理了国内外关于产业集聚、品牌和品牌生态的相关研究文献，以期借鉴前人研究的丰硕成果，从中获取研究所需要的理论基础、要素因子选取和模型建构的依据。对文献的全面梳理，并不完全按照每个理论家的思想罗列，而是根据研究的思路和框架进行分类。

文献综述主要包括以下几个方面：第一，梳理品牌生态系统视角下对产业集聚的相关研究，这是从宏观的结构性视角审视一个行业及其品牌的集聚，并由此所构成的品牌生态系统状况；第二，总结学者们对品牌的研究，以及将之与生态学结合而形成的品牌生态研究，这个结合过程就内在地蕴含着隐喻方法和对现象的描述；第三，梳理有关品牌生态系统形态的空间结构和布局，涉及具体的产品品牌生态系统以及空间生态位理论的相关研究；第四，产业集聚和品牌生态系统的共同发展问题，也就是品牌生态系统的协同进化问题。

第一节 宏观的结构——产业集聚理论的相关研究

产业集聚近年来成为学术研究的焦点之一，包括经济学、地理学、社会学在内的诸多学科领域都给予了较大关注，特别是以 Paul R. Krugman 为代表的新经济地理学派，构建非完全竞争的一般均衡分析逻辑，对产业集聚发展规律进行系统研究，形成了中心—外围模型、内部市场效应模型、历史和预期模型、钟形曲线模型以及区域专业化模型。这些研究模型着重于运输成本、外部性、规模收益、历史和预期、偶然因素的动态累积以及要素流动等因素对产业集聚的作用机理等角度，一定程度上解释了经济活动的区域分布规律和空间集聚现象。

随着新经济地理学理论体系的日臻完善与不断成熟，它指引着后续的理论研究与实践应用，讨论中国的产业集聚问题也应可资借鉴。实际上，国内很多学者已经做出大量有益的探索。在中国产业集群研究领域，王缉慈（2001）、魏江（2003）、徐梦周（2008）、朱海燕和魏江（2009），李世杰和李凯（2010），以及蔡宁等（2011）学者先后从不同侧面研究我国产业集群成长、发展和升级中的诸方面问题。陈建军和胡晨光（2008）、贺灿飞（2009）、刘军和徐康宁（2010）、黄永兴和徐鹏（2011）、胡健和董春诗（2012）等学者则基于新经济地理学理论之规模收益递增下的一般均衡分析框架，从理论和实证等象限探讨了我国产业集聚的演化机制，解释了制造业向东部沿海地区不断集聚的基本成因，以此解读新经济地理学理论对中国产业集聚问题的阐释。以上研究成果进一步深化了产业集聚问题的研究，为进一步的探讨和研究留下了重要线索。

一、空间集聚理论的历史渊源

最初，"外生决定论"是在农业生产空间布局研究实践中被提出来的，该理论主要研究以运输成本为基本分析工具，经济活动的区位选择和空间布局等问题。法国学者 Vin Thünen（1826）根据距离消费市场的远近，把中心城市周边划分成若干层同心农业圈；其以农业为分析对象提出"以城市为中心的同心圆状的分层理论"，并由此构成地理经济学的奠基理论，Vin Thünen 认为，即便农民之间存在"鸡犬相闻，老死不相往来"的情状，农业的以城市为中心的环状分布格局仍然会形成，这是一个自然的或先天的过程，或者说是"看不见的手"的典型例证。

此后的 Walter Christaller（1933）和 August Losch（1954）进一步发展出"中心地区理论"，这一理论聚焦于规模经济与运输成本共同作用的研究，且规模经济与运输成本在模型中被作为既定变量而预先给定，初始阶段就假定存在着市场大小不同的两个城市或区域。但是，Puga and Venahles（1996）认为，他们的研究中对于为什么会出现这种区位差异并未进行进一步的论证，也没有对某个行业的厂商趋于集聚的原因给予合理的解释。由此可见，"外生决定论"并不足以充分解释经济活动的地理集聚现象及相应的作用机制，能够发生产业集聚，似乎更多的是与交通状况、运输成本、空间距离和利润率有着直接的关联。

Paul R. Krugman 在随后的新经济地理学理论体系实践中，对传统的地理经济学理论在逻辑上的缺陷进行了修补，他批评了产业空间秩序的所谓"先天论"观点，把先天存在的外生因素（区位因素）赋予某个区域的发展优势定义为"第一"优势（First Nature）。但外生理论模型的所谓"第一"优势并不能很好地解释为什么区位禀赋相同或相接近的地区，可能会形成差别较大甚至迥异的生产结构，这些放入比较的相关地区，有的跃居"中心"，有的却沦为"外围"。Paul R. Krugman（1991）依托新古典理论的一般均衡分析框架，在 D-S 模型（Dixit-Stiglitz Model）中加入一定变量，基于规模报酬递增假定，构建"中心—外围"模型（即 C-P 模型），从而揭示运输成本、要素流动和规模报酬递增如何通过市场传导机制，对经济活动在空间集聚中所发挥的内生性作用及其运行机制产生作用。与此同时，"外部性"概念也被引入新经济地理学分析框架，特别是与供给、需求相关的"货币外部性"成为大多数新经济地理学模型的立论基础。相比于地理经济学的"外生决定论"，C-P 模型坚持"内生决定"逻辑，开创了新经济地理学派的一般分析范式。

继 C-P 模型之后，Paul R. Krugman（1991）、Venables（1996）、Baldwin（1999）、Baldwin 和 Forslid（2000）、Ottaviano（2001）、Fujita 和 Thisse（2002）等学者纷纷借助相关数理模型，陆续构建起"历史和预期模型""内部市场效应模型""区域专业化模型""国际专业化模型""资本创造模型""产业扩散模型"等理论模型，不断地丰富了新经济地理学的理论解释模型，对经济集聚问题进行了持续的拓展性研究。此后，Rosenthal 和 Strange（2003）、Greenaway 和 Kneller（2008）、Puga（2010）、Joshua 和 Edward（2012）等学者继续依托新经济地理学的理论逻辑，引入了产业竞争结构、区域经济多样性、贸易结构、微观企业特征、生产效率、创新能力等变量，不断对经典模型进行扩展。这些模型及模型扩展基本都是建立在不完全竞争、报酬递增和多样化需求等假设基础之上，将收益递增、运输成本、产业关联、产业结构以及外部性作用等引入了分析框架，为要素和产业的地理集聚现象找到内生性的理论解释。

传统地理经济学理论一般认为，经济的空间分布差异根源于不同地区的自身特征，例如地理位置、外部环境、资源禀赋、技术或政策等因素，即所谓"第一性质决定论"（Schmutzler，1999）。而新经济地理学则扬弃了传统地理经济学关于资源非均衡分布的外生决定论，并突破了新古典经济学之规模报酬不变的基本假设，以规模报酬递增为分析工具，从"资金外部性"和"技术外部性"等角度寻找经济集聚的内生动力。与传统地理经济学"第一性质决定论"相对应，新经济地理学的理论解释体系也可被称为"第二性质决定论"（或内生决定论）。在 Krugman 及后继学者们的共同努力之下，新经济地理学的理论建构不断被完善和拓展，使产业集聚的研究日渐形成较为完整的理论和方法体系，并成为理论界持续的热点研究领域之一。

二、新经济地理学理论

在全球经济一体化加速和规模经济作用日益凸显的时代背景下，新经济地理学理论在其发展和体系完善的过程中，不断涌现出的最佳研究实践，印证了它的卓越贡献。但在新经济地理学理论中，产业集聚的一般均衡分析框架下，制度因素是被忽略或者被视为外生变量的，这一要素成了理论模型的既定分析条件。在这样的理论逻辑语境下，在产业集聚的内生作用中，制度（政策）因素是被排除在外的。由此，在新经济地理学的理论框架内，政府政策作为所谓的"外部因素"也就相应地被忽视或弱化。但是，制度（政策）因素在探讨产业集聚的过程中，我们需要明确，它是一个变量，并不是既定和已知的内容。

产业集聚的演化、发展也不可避免地受到制度和历史因素的惯性作用，产业成长历程和经济环境特殊性等因素对区域产业集聚也都发挥着显著作用，包含政策、文化等在内的一系列制度因素对于产业发展轨迹和空间集聚态势都有着深刻影响。对于中国这样一个正处于转轨期的经济体而言，政府政策往往是最重要的，它将会塑造其他制度和激励结构，并影响它们的质量（林毅夫，2008）。相应地，制度和政策在产业发展和集聚演化过程中的作用更为明显。研究证明，政策因素在增长理论和区域经济理论的实证检验中是非常重要且占有相当重要的位置（金煌等，2006），政府政策的差异在很长时间内成为决定中国地区性产业集聚差异的重要因素。这一观点在本书关于乳业产业集聚的论述假设中也得到了验证。

总之，无论是地理经济学还是新经济地理学，都发端于西方成熟的市场经济环境，不大可能考虑到转轨经济国家的产业情境，西方完全市场化经济环境与中国的经济转轨阶段存在制度、体制等诸多场景的不同，从而在某种程度上削弱了理论的解释能力。实际上，在中国经济转轨期间，制度环境与政府政策对产业集聚演化一直有深刻影响，既可能是通过经济地理的因素起间接作用，也可能是直接对生产要素与产业的区域集聚产生作用。

第二节　文化符号与无形资产——品牌与品牌管理

1950 年，世界著名的广告大师、奥美公司创始人 David Ogilvy 首次提出"品牌"概念。1955 年，Burleigh B. Gardner 和 Staney J. Levy 在《哈佛商业评论》发表了第一篇有关品牌的专业性论文《产品与品牌》，提出了品牌形象概念。20 世纪 70 年代，Jack Trout 和 AI. Ries（1972，1979）提出了品牌定位理论。20 世纪 90 年代，David A. Aaker（1991，2004）和 Kevin Lane Keller（1993，2002）等围绕品牌资产、品牌权益、品牌价值理论等展开研究，品牌学理论进入了品牌资产理论发展阶段。

20 世纪末至 21 世纪初，品牌关系理论和品牌生态理论，成为品牌学理论发展的新动向与新领域。1996 年，James Moore 第一次提出了商业生态系统内涵的界定以及商业生态系统框架的构建。他利用生态学原理，初步建立了商业生态系统的理论框架。1998 年，Michael E. Porter 发表在《哈佛商业评论》的"企业群落和新竞争经济学"一文中，对有关"企业群落"方面的理论进行了探讨与系统阐述。以上这些与品牌生态概念相关联的探索，为品牌生态学的研究奠定了良好基础并拉开了研究的序幕（王兴元，2004）。

一、品牌的起源和内涵

关于品牌一词"brand"的来源，一种是说来源于古代斯堪的那维亚语中的"Brandr"一词；另一种是说来源于古法语中的"brandon"一词。尽管词源不同，但它们都有"烙印"之内涵，烙印是给买者看的，即"用红的烙铁给牲畜打记号"，这就表达了品牌的最初内涵是"如何在使用者心中留下烙印"。品牌最初作为产品识别和保护运用，这一原始功能沿用至今。

McElroy（1931）提出和建立品牌经理制和品牌管理系统时，品牌实践才开始真正兴盛起来。1945 年由 Gardner 和 levy 在《哈佛商业评论》上发表《产品与品牌》一文，被视作是品牌理论研究专业化的发端。1950 年，David Ogilvy 提出了"品牌"的概念，其定义指涉某一商品的专有标记，并具有品质的内涵才算正式开始。

在国外关于品牌内涵的研究中，美国学者倾向于从理性和定量角度对品牌进行分析，而欧洲和中国的学者们则更多是从感性和定性角度对品牌进行探讨。美国市场营销协会（AMA）1960 年对品牌做如下定义："*A name, term, sign, symbol, or design, or a combination of them which is intended to identify the goods or services of one seller or a group of sellers and to differentiate them from those of competitors*。"（品牌是一种名称、术语、标记、符号或设计，或是它们的组合应用，其目的就是辨认某个销售者或某群销售者的产品或服务，并使之同竞争对手的产品或服务区别开来。）奥美公司创始人 David Ogilvy 则是这样阐述品牌的定义的："*The intangible sum of a products attributes, its name, packaging and price, its history, its reputation and the way its advertised*。"（品牌是一种综合特征聚集形成的象征体，是一

种多要素的无形的整合，包括品牌名称、品牌价格、品牌包装、品牌历史以及品牌的声誉与广告等诸多品牌要素。）

广告史上具有重大影响的人物之一 Walter Landor，曾经这样说："*Simply，a brand is a promise，by identifying and authenticating a product or service it delivers a pledge of satisfaction and quality*"。（简单说来，一个品牌是一个承诺，通过识别一个产品或服务，表达出对品质和满意度的保证。）David A. Aaker 在《建立强势品牌》一书中，指出了品牌从资产方面而言的定义："*A set of assets（or liabilities）linked to a brands name and symbol that adds to（or subtracts from）the value provided by a product or service*"，他认为，与品牌名称和标志联系在一起的一套资产（或负债），它们可以给产品或服务的价值提供增加也能导致减少。美国营销学家 Philip kotler 认为："品牌就是一个名字、名词、符号或设计，或是这些的总和，其宗旨是使自己的产品或服务区别于其他竞争者的产品或服务。"纵览品牌研究发展的历程，它是一个从"以产品为重心"到"以消费者为重心"，从"传播者本位"到"受传者本位"的转变历程。

二、品牌管理理论的回溯

1961 年，全球著名的广告学专家 Rosser Reeves 提出了"独特的销售主张"USP（Unique Selling Proposition）理论。1962 年，David Ogilvy 提出了"品牌形象理论"。全球著名营销与品牌专家 Jack Trout 于 1969 年提出了"品牌定位理论"。1993 年，Kevin Lane Kelley 提出"CBBE 模型"（Customer-Based Brand Equity），即基于消费者的"品牌价值模型"，在这个模型中，CBBE 隐含了一个前提，即品牌力存在于消费者对于品牌的知识、感觉和体验，也就是说品牌力是一个品牌随着时间的推移存在于消费者心目中的所有体验的总和，他在《战略品牌管理》一书中阐述了品牌战略管理方面的问题，包括确立品牌定位和价值、执行品牌营销活动、评估品牌业绩、提升品牌资产等。David A. Aaker 的"品牌识别理论"于 1998 年发表在 *Building Strong Brands* 一书中，随后，在 2000 年发表的 *Brand Leadership：Building Aessets In The Information Society* 一文中，对 CBBE 模型进行了改进，这一理论的改进是对凯勒的"品牌创建理论"的进一步补充，因此，二者的研究成为品牌管理研究的权威与典型代表。

时间进入 20 世纪 90 年代，品牌创建理论与品牌管理理论层出不穷，其中比较有代表性的理论有：1991 年，全球著名品牌专家 David A. Aaker 系统提出了"品牌资产管理理论"；全球著名的品牌管理专家 Jean Noel Kapferer 在 1992 年提出的基于品牌识别的品牌创建理论；全球著名品牌专家 Kevin Lane Keller 于 1993 年提出了基于顾客价值创造的品牌创建理论；全球著名的品牌专家、"整合营销理论"的开创者 Don E. Schultz 于 1993 年提出了基于整合营销传播创建品牌的理论；全球著名的品牌专家 Andreas Buchholz 和 Wolfram Wordeman 在 1999 年提出了基于消费者购买决策动机圈的品牌创建理论；全球著名品牌专家、体验营销的开创者 Bernd H. Schmitt 于 1999 年提出了基于体验营销的品牌创建理论，等等。

在国内，关于品牌管理的相关研究中比较有代表性的有余明阳的《品牌学》（2002）、陈放的《品牌学》（2002）、年小山的《品牌学（理论部分)》（2003），这些著述都从品牌科学和品牌思想方面，对品牌管理理论进行了较为全面的阐述。祝合良教授的《战略品牌管理》（2013）一书是近年来战略品牌研究方面的一部力作，书中综合国内外品牌研究领域的研究成果，结合大量的经典案例，对品牌创建与管理的理论进行了一次全面系统的总结与阐述。

总体而言，国际上研究的纵深发展带动了国内的相关研究，美国品牌研究专家的研究，近几年向品牌分支学科以及品牌资产与价值的测度等方面深入；而中国学者的相关领域研究，更多地侧重于实证与应用研究等领域，特别是近几年，范畴品牌学发展研究较为繁荣。但整体而言，拘泥于传统品牌思想与管理理念的成分仍占多数，品牌管理视角不够开阔，需要在品牌管理思想创新与体系系统化研究方面加以强化与拓展，品牌应用角度的研究还有待于深入和细化。

第三节　描述和隐喻：品牌生态系统

一、品牌生态系统的定义与内涵

20 世纪 30 年代，"系统科学"开始勃兴，理论研究产出颇丰，直到 50 年代初，在世界范围内才较为普遍的接受了"系统性"的概念，90 年代，随着表现为跨学科研究趋势浪潮的不断涌现，"科学融合"的趋势愈加明显，学界对"系统复杂性"理念的认识不断加深并予以确认，复杂科学这一学科门类出现了，而对于品牌本性的认识过程也经历了类似曲折发展、螺旋上升的过程，最初确立品牌是一个控制系统的概念，后来将其作为一个单纯系统来对待，而如今，对品牌的认知趋向于一个自适应的复杂系统。从宏观层面来看，品牌更多地以一个生态系统的模式而存在。在品牌生态系统定义方面，现有研究具有较为一致的成果表述，对品牌生态系统的基本表达认为品牌生态系统是由特定成员组成的特定系统，因此，本书从系统成员、系统类属与系统环境成员方面探讨品牌生态系统的具体含义。

1. 系统类属层面

对于品牌生态系统的类属，目前有商业生态系统、人工生态系统、生态系统等几种观点，由于品牌管理是一种社会经济行为，因此把品牌生态系统的解读归类为商业生态系统的观点是较为合理的。

2. 系统成员层面

将品牌生态系统视作是一个开放式系统的观点是现有研究的主流，其研究与环境有着广泛而密切的联系，因此普遍认为应该将品牌生态系统分为品牌生态系统成员与环境成员两大类。进而，对品牌生态系统成员进行进一步细化，可以看出，位于供应链上的供应商、品牌企业、分销商、最终顾客等主体得到了品牌管理系统内一致认可；品牌、品牌产品、股东

（投资人）、金融机构、大众传媒、社会公众等主体得到的认可度次之；经理人、员工、其他相关企业、竞争者、政府等利益相关方主体未获得广泛的认可。

3. 系统环境成员层面

政府、竞争者、社会环境、经济环境、文化环境、自然环境等主体获得了较高认可。投资者、科研院所、其他生态系统中的企业等主体没有获得广泛的认可。目前将员工、经理人等视为内部顾客的观点已经得到了较为广泛的认可，并出现了很多基于这一观点的研究（Gronroos，1984；Piercy and Morgan，1991；Conduit and Mavondo，2001；何建华，2006）。因此，二者独立成为品牌生态系统成员是比较合理的。由于投资者对于品牌生态系统有着显著而重要的影响，宜将投资者主体归为品牌生态系统成员；其他生态系统中的企业可以认为能够被竞争者和其他相关组织所体现的成员。

综合来看，品牌生态系统成员包括供应商、品牌企业、分销商、顾客、品牌、品牌产品、股东（投资人）、金融机构、大众传媒、社会公众、员工；环境成员包括政府、竞争者、社会环境、自然环境、其他相关组织。对品牌生态系统定义中有关研究文献进行整理分析，有助于界定研究对象以及对品牌生态系统演化机制的探讨。

1999 年，王兴元首次就名牌生态系统中的竞争与合作、诊断与评价、演化过程及运行机制、结构及利益平衡等进行了探讨，提出了"名牌生态系统"的新理论，给出了名牌生态系统的有关概念，这是国内首次将生态学应用到营销领域的新的理论尝试。2002 年，张锐等提出了"品牌生态系统领导"的品牌管理前沿模式，从"品牌生态"的角度提出了品牌生态管理的一般原理。2005 年，韩福荣，研究了品牌生态系统中品牌种群的演化规律，分析了品牌出生（品牌较少）→品牌成熟（品牌较多）→品牌共生（少量知名品牌）的竞争演化规律。上述演化阶段也被其定义为品牌合法化阶段、品牌竞争阶段和品牌共生阶段。王兴元（2008 年）在他的研究中分析了品牌生态系统网络风险的成因，指出造成品牌生态系统网络风险的因素很多，及时识别和克服品牌生态系统网络风险极为重要，并提出了相应的风险防范对策。关于品牌生态系统演化及风险在后文中也有所论述。

上述研究成果，是对国内外有关品牌生态系统理论的研究文献进行的总结，所列文献基本都是借用生态学原理与方法，并结合经济学、管理学、营销学等学科方法进行研究，以上研究初步建立了品牌生态系统理论体系的基本框架及内在结构。

二、品牌生态系统的理论建构和实际应用

1. 品牌生态系统的理论建构

建立在一系列相关研究成果之上的品牌生态系统理论和生态学思想，在经济系统研究方面有着广泛应用，这些实践为探索品牌生态系统的有关问题照亮了前进的方向。1994 年，Paul Hawken 在其著作《商业生态学：可持续发展的宣言》中，利用生态学思想系统探讨了商业活动与环境问题的相互关系，并指出环境保护问题的关键是如何设计而非管理的问题，唯一的出路是如何创造一个可持续发展的商业模式。1996 年，James Moore 出版了《竞争的衰亡：商业生态系统时代的领导与挑战》一书，书中首次全面系统地提出和定义了"商业生态系统"的概念，架构了基于共同进化模式的全新企业战略设计思路，建立了商业生态系统理论。他所提出的商业生态系统理论，为企业发展战略与市场运作提供了新的理念与思路，在世界范围内都有很大的影响力。他全面利用生态学原理，通过对某些著名公司发展过程的描述与研判，向人们展示了存在于同一商业系统中的，相互依存的商业物种的共同进化现象，以及这种物种进化对整个商业生态系统进化的重要作用，阐明了新时代商业竞争的竞合法则，描述了商业生态系统的生命周期及其领导策略。

商业生态系统理论在最近几年中得到了广泛的关注与传播。Ken Baskin（1998）在其专著《公司 DNA——来自生物的启示》中提出了"市场生态"的概念，书中通过对纷繁复杂的自然界的生态系统的研究来帮助理解似乎同样复杂的商业生态系统，以及系统发展的基本动力和对企业组

织设计和组织管理的意义。2000 年，Agnieszka Winkler 在其著作《快速建立品牌》中讨论了"品牌生态环境"的概念和管理问题，得出了品牌生态环境是一个不断变化的，复杂而充满活力的有机组织的论断。通过对以上观点产生时间的梳理可以基本确认，"品牌生态系统"理论正式诞生于 21 世纪初，但其理论建构萌芽于 20 世纪末。

李逾男基于品牌生态学视角，考察了目前我国企业在品牌建设实践中存在的战略性问题，探讨了品牌延伸的基本原则、品牌聚焦的运作原则、品牌聚焦的模式以及选择品牌延伸还是品牌聚焦等问题（李逾男，2008）。孙俊华利用品牌生态系统理论探讨了品牌塑造策略，认为企业内部属性和企业营销环境包含的众多要素，分别构成了品牌内部生态系统和品牌外部生态系统，基于对品牌内部、外部生态系统及作用机制的探索，提出了强势品牌塑造策略（孙俊华，2008）。

综上所述，品牌生态系统对创新品牌管理理论方面仍有以下几点不足之处：

①在研究成果数量层面。研究成果数量不多，理论研究视点分布不均衡。从品牌生态管理系统理论解决传统品牌管理难题来看，有关文献数量较少，研究范围较窄且深度有限；从子理论体系的建立发展来看，尽管品牌生态位相关研究较为活跃且成果相对较多，但也很难找到相关研究热点。

②在研究进展态势上。品牌生态系统对品牌管理理论提升较少，主要以理论拓展为主流。由于品牌生态系统是个新生事物，现有品牌生态系统研究在创新管理理论方面还停留在以解决"能不能用""好不好用"或"怎样用"的问题层面上，所关注问题尚需向"为什么好（不好）用"或"怎样用才能更好"等理论研究层面靠近。

③在动力机制方面。品牌生态系统创新品牌管理理论以运用隐喻方法，参照生态学现象、理论、方法建立品牌管理理论的方法为主。现有研究依旧留有生态学知识、理论、方法、工具的痕迹。建构独立的理论体系，以一门独立学科的姿态而独立存在的理论体系基础还不尽完备，尚需对理论基础不断加以夯实。

④在系统性呈现方面。品牌生态系统在创新品牌管理理论相关研究上展开的点相对较散，系统化特征并不显著。

⑤在量化工具层面。品牌生态系统创新品牌管理理论研究以定性研究为主，缺少量化工具辅助。虽然品牌生态系统理论有着深刻的系统论背景，解析方法能简化问题，但系统方法却是不可或缺的，系统观下的品牌生态系统较为复杂，仅靠定性分析显得力不从心。

2. 品牌生态系统理论的实际应用

品牌生态系统理论视角独特、内涵丰富，提出后被广泛用于指导实践。邓旭东等人从我国企业在品牌经营中存在的问题出发，提出可以通过建立良好的品牌生态环境，提升企业核心竞争力的重要意义，在对问题的剖析、研究中着重对企业培育品牌生态环境的影响因素加以分析并给出了相应的对策（邓旭东，杜晓娟，2005）。余利红把品牌生态理论引入对中国服装业品牌建设的探讨，研究指出，中国服装品牌建设中存在品牌文化内涵薄弱、企业品牌定位趋同、品牌管理层次较低、过分关注品牌的消费者驱动因素等问题，建议在品牌管理实施中对各服装企业在品牌生态系统的地位加以区别，通过生态位隔离等手段避免企业品牌间的恶性竞争，不断推动服装品牌生态系统的良性演进（余利红，2006）。

类似余利红对中国服装业的探讨，任晓峰等学者以常州木业品牌生态为例，利用品牌生态系统理论，系统考察了目前系统的内部生态环境和外部生态环境，认为解决新问题的首要方法是构建战略生态系统，同时，研究中提出了构建品牌生态战略系统的相关策略（任晓峰，陈颖，2008）。杨宝军（2010）是为数不多的以乳业为研究对象的学者，他利用品牌生态系统理论，探讨和分析了宁夏乳制品产业品牌的现状，聚焦宁夏乳业品牌存在的问题以及在品牌生态理论视角下，如何建构和谐品牌生态提出了自己的见解。

综上所述，品牌生态系统理论在指导具体品牌管理实践方面表现出的特点如下：

①研究有广度但不够聚焦。研究文献有一定数量，应用范围也较广但比较分散，在对一些较大的行业类别研究中有所涉猎，如聚焦服装产业、

工业企业、产业聚集区等。没有出现大量文献研究集中于某个行业特别是小行业类别。

②研究深度有待进一步挖掘。在指导具体品牌实践中，品牌生态系统相关研究深度还不足。多半研究放在提出问题而鲜有宽视角、系统化、目标体系清晰的分析与明确的解决问题的品牌生态系统应用研究，一些研究中提出的解决方案往往流于空泛与宽松，灵活性、针对性与可行性相对不足。

③定量及效果测度研究需加强。定量及应用效果方面研究很少，论证过程与提出结论的科学性有待于进一步提升。品牌生态系统实践对象往往是一个包含众多主体、存在广泛联系的复杂系统，在推进实践应用的过程中，将品牌生态系统定性应用与定量分析相结合，在短时间内得出能够对决策起到重要价值的数据，有助于对实际问题分析以及对有关结论进行精细化梳理。

本书在品牌生态系统理论指导具体品牌实践研究启示下，尝试在丰富品牌生态系统理论指导乳品产业实践方面进行一些有益的探索。

三、品牌生态位

生态位（Ecological Niche）又称生态龛，是一个生态学名词，早在 20 世纪初被提出、并逐渐成为专业名词。对于生态位的定义，简言之，即每个个体或种群在种群或群落中的时空位置及功能关系。常与资源利用谱（Resources Utilization Spectra）概念等同。王仕卿等借鉴了生态学中影响力较大的 Hutchinson 的关于生态位的阐释（Hutchinson，1957），给出了品牌生态位的概念，即一种品牌对 n 维资源利用范围组成了该空间的"n 维超体积"，成为该品牌的"n 维生态位"（王仕卿，韩福荣，2008）。R. H. Whittake 给出的生态位的定义是："每个物种在群落中的时间和空间的位置及其机能关系，或者说群落内一个种与其他种的相关的位置"。1910 年，美国学者 R. H. Johnson 第一次在生态学论述中使用生态位一词。之后在这方面展开研究的学者云云。

1. 品牌生态位的定义与结构

近年来，品牌生态位已经逐渐成为品牌生态系统研究范畴里的一个焦点问题。在国内，王兴元较早对品牌生态位的定义、原理、方法等内容进行了系统探讨，品牌生态位理论逐渐确立起来。2006 年，王兴元在关于品牌生态位界定方面的研究中指出，品牌生态位指的是品牌在其生存环境中所处的位置和所利用市场资源的综合状态，是品牌生存条件的总集合体，品牌生态位可以由品牌生态位宽度、品牌生态位重叠度及品牌生态位优势度加以描述。2006 年，黄喜忠等人在对品牌生态位的阐述和分析中，给出了品牌生态位的定义，认为生态位是一个状态，这个状态表达的是品牌所占有的空间位置，以及品牌运用综合品牌资源状况的解读。孙莉莉（2007）认为，品牌生态位是一种基于环境资源空间特性和品牌内部性质与能力的品牌客观定位。

2008 年，王仕卿、韩福荣指出："品牌（种群）生态位是指其所提供产品或服务能满足顾客需求的时间（产品或服务生命周期）、空间（地理位置）、类型（需求的性质）及其与相关品牌种（直接或间接发生协作联系的品牌种）和资源之间的功能关系"。在王启万等人对品牌生态位的研究中，将品牌生态位的构成要素划分为 10 个维度，即品牌环境、品牌资源、品牌市场、品牌企业、品牌载体、品牌属性、品牌资产、品牌战略、品牌传播和顾客感知（王启万，王兴元，2011）。

2. 品牌生态位测度与影响因素研究

为了便于对品牌生态位宽度及重叠度的测度，王兴元建立了品牌生态位宽度及重叠度的计算公式，提出了品牌生态位适合度评价的函数法、模糊评价法、适合度复合系数法以及基于同类标杆案例品牌贴近度的品牌生态位适合度评价模型，利用综合评价模型对该目标品牌的适合度进行分析与评价（王兴元，2006）。赵红等针对业界普遍存在的品牌定位重叠现象，借鉴生态学中的生态位理论，提出了一套对品牌定位状态进行定量分析的评价方法（赵红，丁洪斌等，2008）。王颖聪运用层次分析法和模糊评价对样本品牌的综合竞争实力进行定量测评，从而对生态位重叠情况下的竞争格局预先作出判断，提高品牌决策的科学性（王颖聪，2009）。

2006 年，姚慧丽、曾蓉从生态位位势理论分析了影响品牌生态位的因素，包括品牌强势度、品牌创新能力、品牌传播能力、品牌扩张能力、品牌成长能力、品牌经营范围、企业规模、市场地位八要素。马小森等（2006）认为，资源、需求、技术、制度、竞争状况等是影响品牌生态位适宜度的主要构成要素。韩福荣等给出影响品牌生态位适宜度的主要因素，在此基础上构造模糊综合评价模型，将品牌的生态位适宜度量化，从而使品牌生存状态的评价更直观、更准确（马小森，韩福荣，2006）。

3. 品牌生态位宽度与重叠度研究

王兴元（2006）认为，品牌生态位宽度（Brand Niche Breadth）是衡量品牌利用市场资源的广度以及对待定资源依赖程度的指标，其宽窄主要依据品牌生态位在一个市场资源轴（如顾客资源轴）上所截取段落的宽窄。王兴元认为，品牌生态位宽度的测量常常与测定某些形态特征或某些市场度量或市场生态环境空间有关。一个品牌的品牌生态位越宽，该品牌的特化程度就越小，也就是说它更倾向于一个泛化品牌，相反，一个品牌的品牌生态位越窄，该品牌的特化程度就越强，泛化品牌具有很宽的生态位，以牺牲对狭窄范围内市场资源的利用率来换取对广大范围内市场资源的利用能力，特化品牌占有很窄的生态位，具有利用某些特定市场资源的特殊适应能力，当资源能够确保供应并可再生时，特化品牌的竞争能力将超过泛化品牌。

孙莉莉（2007）的研究表明，品牌生态位宽度是一个品牌所利用的各种市场资源类型的总和，市场资源中最主要的是品牌生存所依赖的市场购买力，而市场的资源竞争就是指购买力的竞争，若实际利用的市场资源只占整个市场资源谱的一小部分，这种品牌就具有较窄的品牌生态位，若一种品牌在一个连续的市场资源序列上，可利用多种多样的市场资源，它就具有较宽的生态位。在赵红等（2008）的研究成果中，品牌的生态位宽度只是衡量品牌利用市场资源能力的一个指标，生态位宽度较窄不一定表示此品牌的生存状态不佳，只是表示此品牌过于依赖某一特定的资源，当该资源出现匮乏或者出现更强的竞争者与之争夺该资源时，此品牌的生存能力将受到较大的冲击。

王兴元（2006）指出，品牌生态位的重叠度是指品牌在市场中所处的位置和所利用的市场资源存在交集的状态，当两个品牌利用同一市场顾客资源或共同占有环境变量时，就会出现品牌生态位重叠现象。

品牌生态位的重叠度是指，两个品牌对一定资源位（Resource State）的共同利用程度，较大的生态位重叠度也并不意味着激烈的竞争，这与其生态位宽度有关，市场环境中存在的资源种类是有限的，与物种生态位一样，品牌生态位也存在重叠现象。比如，生产同类产品或可替代产品的不同品牌在市场生态环境中对各类资源的争夺分割，必然导致品牌的生态位也会发生重叠现象（赵红等，2008）。

郭风娟（2014）以电商品牌为例，探讨了电商品牌的重叠现象，将电商企业品牌生态位定义为电商企业品牌综合利用市场资源的一种状态，同时运用生态位测度理论，结合电商企业特点，通过对问卷调查的数据处理，构建出品牌生态位维度结构模型，以此对电商企业品牌生态位宽度和重叠度进行分析，利用生态位关键维度理论、品牌生命周期和同一市场竞争理论分别对电商品牌生态位维度与重叠度、宽度与重叠度的关系进行分析，并从实证分析的结论出发，提出针对电商企业的策略建议。

4. 品牌生态位原理与应用研究

王兴元把品牌生态位原理体系总结为：品牌生态位重叠、品牌生态位分离、品牌生态位泛化、品牌生态位特化、品牌生态位缩放、品牌生态位动态变化、品牌生态位关键因子控制、品牌生态位多维竞争弱化、品牌生态位熟化、品牌生态位协同共生、品牌生态位非平衡发展、品牌生态位最优化以及品牌生态位保护等原理的总和，并基于这些原理探讨了品牌初创、品牌可持续成长、品牌跨越式发展、企业名牌、品牌竞争、品牌差异化、品牌多元化、品牌专业化、品牌发展、品牌创新、品牌资产增值策略、中小企业成长、品牌价值维持等战略课题（王兴元，2008）。于树青（2012）在其博士论文中，运用品牌价值链与品牌生态位等品牌研究的前沿方向理论探讨城镇品牌的有效成长模式，在实践需要和理论研究需要的拉动下，对城镇品牌价值链领域进行了研究和探索。

关于品牌生态位的研究，在国外 20 世纪末至 21 世纪初的研究成果，特别是 James Moore 等人的研究中，利用生态学原理初步建立的商业生态系统的理论框架，为品牌生态位的研究奠定了基础、支撑起了理论框架并拉开了研究的序幕。国内近几年围绕品牌生态位的界定、品牌生态位测度、品牌生态位因子、品牌生态位原理与应用等领域展开探讨和研究日渐增多。生态学与品牌学结合后，品牌生态学理论迅速发展，逐步出现了一批功能性理论。品牌生态说必将成为品牌理论演化的重要方向。

总体而言，品牌生态位的研究应用领域尚未得到广泛拓展，目前的理论研究大多应用在企业系统，实际上，对于地域品牌，如国家品牌、城市品牌以及城镇品牌等领域的研究，更适合以复合生态系统理论加以阐释，但迄今为止在这一领域的研究还相对欠缺，比如把品牌生态位研究成果应用于乳业品牌生态系统的诊断与研究，将会为乳业品牌精准的定位和品牌成长提供全新、有效的管理视角，本书将尝试在这一角度和应用领域展开探索。

第三章 我国乳品产业集聚与品牌发展状况

第一节 乳品产业的相关研究

本书所指的乳品产业（Dairy Industry）是指生产、加工原料为牛奶的产业。本书以我国乳品产业空间集聚及乳业品牌生态系统为研究对象，对于乳品产业的指称使用了如下有关概念：乳制品、乳品、乳品产业、乳业、奶业、乳业产业，在一定程度上，根据学术习惯和普遍称呼，以上概念并未做严格的区分，可以视它们为内涵等同的概念。此外，我们研究的主要关键词是产业集聚、品牌生态、品牌生态系统等，为了更深入探讨乳品产业集聚及其品牌生态问题，有必要对乳业、乳品的生产、销售、消费和贸易、流通等情况做比较详细的描述。

一、原奶生产、乳品加工和消费问题研究

近几年对中国原奶生产环节的研究较多，其中既有从经济管理角度进行的研究，也有从生产技术角度进行的研究。方友生从中国原奶生产在畜牧业中所处的阶段和水平进行论述，认为中国原奶生产应加快发展，与此同时，在他的研究中，将原奶生产的历史阶段做了划分（方有生，2003）。卜卫兵等以江苏省为例，用实证分析的方法，对我国原料奶生产的效率及组织模式进行研究，他们在研究中认为，从技术效率和配置效率角度剖析，奶牛在奶户家散养的生产效率极低，随着乳品产业的进一步发展和提

高，规模化的原料奶生产模式越来越成为大势所趋，而在不断提高原料奶生产的组织化程度的过程中，最关键的问题在于解决好参与主体和利益相关方的利益关联，实现"利益共享、风险共担"的模式（卜卫兵等，2007）。在奶牛饲养研究方面，曲金铎对奶牛饲养管理经营模式和发展问题进行了深入研究，积极探索了奶牛饲养业存在的几种主要的饲养方式以及在不同生产和管理模式下的优势和劣势（曲金铎，1999）。

姚莉等提出，在现有体制框架下，能够直接作用于农民的不是市场、政府和农民合作社，而是大型乳品加工企业，转型时期政府能力与企业能力的消长等因素决定了乳品加工企业对奶农的重要带动作用，由产品的安全性、乳制品生产加工销售的规模效应及中国农民的弱质性等因素决定了乳品加工大企业在整个乳品产业发展中的中心地位（姚莉等，2002）。但是王爱丽等学者在分析了我国乳品加工业竞争力与竞争战略后，认为乳品加工业属于进入壁垒不高的产业，上游和下游的经销商和批发商具有较强的讨价还价能力，上游奶源供应方的讨价还价能力较强，企业应加大对奶源的控制（王爱丽，2005）。

周俊玲从乳品工业的生产与供给、居民消费与市场需求、乳制品国际贸易、市场流通与市场价格表现、国家及市场政策维度等方面对我国奶类市场进行系统而深入的分析，提出了如下建议：①在乳品工业发展的新阶段下，需加大产业升级改造，鼓励和推动乳品工业一体化经营和结构调整；②从乳品工业源头即原料奶生产环节加大政策扶持和资金投入力度；③从政策支持、标准制定、措施管控等方面不断提高奶类产品的质量，促进以质增效；④乳品宣传、消费引导和市场开拓工作做得还远远不够，亟待加强；⑤奶业管理体制还不够健全且存在多头管理、管理效率低下、权责不清，甚至互相掣肘等现象，建议对乳品行业实行统一规划和统筹管理（周俊玲，2001）。

冯仰廉通过对中国居民的全年平均收入水平数据进行比对，分析了收入对居民乳品消费的影响，结果表明，居民人均可支配收入的增加与居民乳制品消费的支出呈正相关（冯仰廉，2002）。以乳品加工企业的发展和布局之间的关系维度为切入点，乌云花等学者认为，在诸多影响农户奶牛养殖发展的因素中，地理空间距离这一因素是最主要影响因素，交通条件和家庭非农就业等因素也是影响农户奶牛养殖业态发展的显著要素，研究中发现，贫困农户并没有在乳制品市场扩展过程中缺位，相反地，他们在乳制品市场扩展过程中也是受益者（乌云花等，2008）。

曾伟等学者（2012）以 2008 年三聚氰胺事件为讨论对象，对京津冀地区消费者乳制品购买恢复及恢复进程进行了实证研究，得出的结论是，各地区消费者恢复购买的速度有显著差异，消费者可支配家庭收入、消费结构、政府制度和监管政策的宣贯力度等因素对消费者做出恢复购买的决策起很大作用，决策一旦做出，消费水平恢复的速度将会很快。2014 年，张薪薪在其硕士学位论文《食品安全事件对乳制品产业的影响及溢出效应研究》中，以 2007—2011 年相继爆发的乳制品安全事件为案例解读，对乳制品产量和消费结构进行实证分析，深入地探讨了食品安全事件带来的长短期影响。研究显示，乳制品安全事件不仅仅局限于影响行业本身，持续的安全事件的影响对消费者、相关行业和政府相关政策产生了溢出效应。在这种效应的传导下，消费者的消费行为产生转向消费替代的乳制品，购买进口产品的意向也十分明显。文中也给出了奶牛养殖业进行规模化、标准化、集约化发展道路以及乳制品行业进行大量兼并重组，细化产业标准、加大奶源基地建设等建议。

二、乳品产业发展战略研究

关于原奶生产、乳品加工、乳品消费及进出口贸易等方面的学术研究，大多聚焦中国整个乳品产业的发展战略，但对乳品产业整个产业链各环节以及战略活动间的相互关系进行的总体研究却寥寥无几。农业部农村经济研究中心于 1990 年，对 1989 年及以前中国奶业发展的历史和现状、奶业发展的有利条件和限制因素进行深度梳理后，完成了以提出中国奶业发展的指导思想、发展目标与结构设想为主题内容的《中国奶业中长期发展战略》的制定。这一战略指出，政府要积极引导奶类消费、鼓励企业积极开拓市场、加强对乳品行业的行业指导和技术改造、优化奶业的生产组织形式、加强对原料奶生产的扶持和科技投入、加强国际合作与交流、加强奶业宏观管理等中长期发展的具体对策。2000 年，程溯兰等完成了《国际竞争国内化格局中的中国奶业发展战略报告》的撰写。张文宝等于 2001 年完成了《中国奶业中长期发展战略研究报告》。2006 年，贾敬敦、王济民等，以奶业科技为研究切入点，共同完成了《中国奶业科技发展战略报告》，这份报告从科技层面，对我国奶业现状、问题、竞争力、科技任务等提出了整体建议。2009 年，任海燕在其硕士学位论文《乳品企业品牌战略研究》中，在对品牌和品牌战略理论进行梳理的基础上，阐述了乳品企业和品牌发展战略并进行了深入和系统的研究，在分析和描述乳业品牌建设现状和存在问题的同时，还针对我国乳品企业在品牌定位、传播、推广、维护等方面存在的不足，提出了我国乳品企业品牌发展战略的相关建议。

花俊国等在中国乳业研究的相关成果中，利用空间相关理论，对中国乳业集中状况和空间布局进行了较为深入的分析，剖析了造成集中及空间布局的模式与成因（花俊国、朱香荣、殷成文，2007）。成小平以中国乳品产业为研究视角，探讨了中国乳品产业集聚对乳品产业成长的影响（成小平，2012）。牛洪蕾等以我国纺织产业为例，在通过对大量数据进行分析比对的基础上，运用空间面板数据分析方法，对我国纺织产业集聚分布的缘由、表现以及造成产业和分布格局的影响模式进行了深入的探讨（牛洪蕾、江可申，2011）。

纵观我国乳业产业研究现状，学者们的主要研究还停留在对产业经济理论的研究阶段，对产业本身的国际比较、全面系统分析、解决产业发展中具体问题的探讨很少。在产业应用分析方面，研究视角主要关注大型企业作为核心企业的利益和战略，而关于某一个产业成长机制、运营模式、国际差异化比较、影响因素等系统化研究产业成长的尚不多见。关于乳品产业集聚及空间布局的研究也较少，本书期望在乳品产业集聚与品牌发展相结合的层面有所创新。

第二节　我国乳品产业品牌概述

一、蒙牛乳业及其品牌发展概况

内蒙古蒙牛乳业（集团）股份有限公司（以下简称蒙牛）成立于1999年8月，总部设在内蒙古自治区呼和浩特市和林格尔盛乐经济园区。创业以来，蒙牛创造了举世瞩目的"蒙牛速度"和"蒙牛奇迹"。2006年入选亚洲品牌500强，2007年销售收入超过200亿元，成为中国乳业冠军，2008年营收规模为中国乳业第一，2009年中粮集团入股蒙牛。蒙牛在其成立之后的十年，销售额急剧增长，由1999年在国内乳业排名的1116位跻身于"中国乳业两强之一"，成为国家农业产业化重点龙头企业、乳制品行业龙头企业，创造了企业的神话。

凭借自身先进的研发技术及对市场的了解，蒙牛不断提升产品的营养、口味及包装，推出了多种高端功能性产品，形成了包括常温液态奶、低温液态奶、冰淇淋、奶粉、奶酪及乳制品原料等产品系列，实现了产品生产多元化。2014年年报数据显示，蒙牛在全国20多个省份建立了33个生产基地、50多个工厂，年产能超过770万吨，年销售额超过500亿元。产品销售覆盖全国，远销蒙古、新加坡等国家和中国香港、中国澳门等地区。根据中国行业企业信息发布中心的资料显示，在2006—2010年及2013年度，蒙牛液态奶在全国市场中与同类产品相比，其销量、销售额均为第一。在财富中文网发布的2014年中国500强企业榜单上，蒙牛凭借稳健的综合表现排名第128位，排名较2013年上升9位。这已是蒙牛连续5年进入中国500强企业榜单。

（一）蒙牛的品牌发展战略

近年来，蒙牛秉承"草原牛—中国牛—世界牛"的三步走品牌发展战略，整合全球优势资源，先后与丹麦Arla—爱氏晨曦、法国Danone（达能）、美国 White Wave（白波）、新西兰 Asure Quality（安硕）达成战略合作，并联合雅士利、君乐宝、现代牧业等国内优秀伙伴，与国际乳业先进水平进行接轨。目前，蒙牛旗下子品牌涵盖高端品牌、休闲品牌、功能品牌、低温品牌等十几个品牌系列，其中特仑苏、焕轻、未来星、纯甄、冠益乳、新养道等品牌产品多次获得行业内的相关荣誉奖项。

在集团品牌发展战略的指引下，蒙牛开展了一系列围绕品牌诉求的"一点一滴的好"的品牌活动，让消费者身临其境地感受到乳制品生产与消费的全过程，2014 年，蒙牛对和林格尔基地六期工厂进行了环境升级改造，将参观走廊改造成了包括多项互动体验、具有欧洲风情的品牌体验馆——"牛奶小镇"，整个场馆用乳文化长廊的形式向消费者展示国内外与乳品相关的故事。整个参观线路上增添了多项互动体验，在体感互动区，只要体验者张开嘴巴，就可以"喝"到香醇的牛奶、"吃"到冰爽的雪糕，同时还可以和萌偶"大眼萌"进行游戏互动。通过现代化的声、光、电等手段，使参观工厂成为展示蒙牛品牌的一个欢乐旅程。六期工厂是国家"AAAA 级旅游景区"，蒙牛在全国开放 27 家工厂供参观游览，每年参观游客超 100 万人次。

除了在品牌体验馆与消费者进行品牌互动，2014 年 4 月，蒙牛邀请羽泉组合打造了品牌歌曲《一点一滴》，并在蒙牛 3 万多名员工中进行"唱响点滴——寻找蒙牛最强音选拔暨海选"活动，推出有蒙牛员工自己演艺的品牌歌曲 MV。同年 7 月起，蒙牛总裁孙伊萍带领蒙牛员工走进消费者当中，在大理、成都及 K113 次列车成都—昆明线上进行了 3 场"一点一滴的好"快闪活动，在唱响品牌歌曲的同时，为消费者送去了点滴关爱，以实际行动启发消费者发现爱、传递爱并付诸实施。由此，也掀起了蒙牛在全国各大区、事业部温暖的、各具特色的系列快闪活动，这一系列的组合品牌传播活动，得到了广大消费者的关注和热情参与。

此外，蒙牛积极与各大平台合作，提升目标客户对品牌的关注度和喜好度。2015 年，蒙牛冠名高收视率的综艺节目《十二道锋味2》，开创了乳品行业与大型美食真人秀相结合的先例。2015 年 3 月，蒙牛与 NBA 中国续签市场合作协议，NBA 中国也首次授权蒙牛产品包装设计上使用 NBA

标识，在中国市场推出包装设计中含有 NBA 元素的蒙牛品牌定制牛奶。2015 年 4 月，蒙牛正式与上海迪士尼度假区签署长期战略联盟协议，蒙牛成为度假区的官方乳品合作伙伴，在度假区内享有一系列综合的品牌呈现权益。随着品牌传播潮流的发展，品牌内容的营销核心正向视频迁移，在特仑苏产品上市十周年之际，蒙牛与凤凰网、搜狐网及网易携手，打造《百人百天·十年敢想》活动。将特仑苏过去 10 年与消费者一同成长的经历具体呈现，以"更好的 10 年，从更好的你开始"感动人心。

蒙牛真果粒通过电影营销、视频传播及电视节目冠名等方式，广泛传播"真实才够 FUN"的品牌主张，成功地吸引了年轻消费者的关注。凭借系列营销策略，真果粒荣获 2015 年《中国创新传媒大奖》之《O2O 营销类金奖》。

酸酸乳发起《青春敢 ZUO 敢言》活动，运用立体传播模式，扩大品牌渗透率及品牌价值。活动更以 TFBOYS 为代言人，聚焦核心受众，传递品牌主张。

（二）蒙牛的品牌文化及其特征

1. 蒙牛品牌的特点

蒙牛坚守只为点滴幸福的品牌理念，持续提升品牌结构，实行品类管理，并积极甄选优质营销平台，共同缔造与品牌的关联，拉近与消费者的距离，一同传递品牌的核心价值。通过各类平台，强化与特定消费群体的互动沟通，提升品牌关注度与喜好度，从而推动销售。

围绕品牌理念，蒙牛还从技术、影视跨界、智能科技等领域营造品牌氛围，不断强化品牌影响力、传播力和创造力。蒙牛精选牧场牛奶，是一款二维码"可追溯"牛奶，利用二维码技术，实现奶源可追踪，让消费者随时掌握精选牧场的精细化管理。在电影《神偷奶爸》热映之际，蒙牛与环球影片公司合作，推出蒙牛"大眼萌香蕉牛奶"，将这一牛奶与影片中的卡通形象"大眼萌"进行结合，建立属于品牌本身的名称"大眼萌"，将香蕉奶打造成一款中国年轻时尚消费者人群的饮品新宠。2014 年 10 月

26 日，在中国广告协会主办的"2014 中国广告长城奖"评奖过程中，蒙牛大眼萌香蕉牛奶获得"广告主品牌之营销传播金奖。"蒙牛跨界智能科技，打造出 M—PLUS 纯牛乳，M—PLUS 是智能硬件、智能应用和高品质牛奶的结合，通过智能硬件和应用，实时监测人体的特征数据和变化曲线，据此指导消费者如何饮用这款为运动健身爱好者专门定制的纯牛乳，为消费者提供"检测、分析、指导"三位一体的私人教练式健身服务。土耳其时间 2014 年 6 月 17 日，在伊斯坦布尔的世界乳品创新大会上，专注于"乳糖不耐受"的人群的"O 乳糖牛奶"——"蒙牛新养道"，从来自30 多个国家的 160 个竞品中脱颖而出，成功入围"最佳功能乳制品"奖项评比。蒙牛未来星儿童牛奶是中国第一款专为中国儿童设计的营养配方牛奶，填补了国内空白。特仑苏有机奶来自特仑苏专有牧场，获得"第八届中国国际有机博览会金奖"。

2015 年，蒙牛整合研发、行销和市场营销的职能，成立常温乳制品、低温乳制品及乳饮料三大品类管理系统，集中管理三大品类的市场品牌策略、产品定位、营销计划、产品研发、生产技术投资与决策，以更紧密连接消费者洞察、产品创新与市场推广。

2. 蒙牛的品牌文化

在这些年的发展历程中，蒙牛逐渐形成了独具特色和较为稳定的品牌文化和品牌的系统性表述，在品牌发展的过程中逐步形成了：致力于提供营养和健康的食品；不断创新，让消费者的生活更好，让人们发自内心的微笑；开放精神，充满激情的蒙牛人；关注每一点滴，传递浓醇关爱；世界级标准技术创新，处于时代尖端为内核的品牌愿景。蒙牛品牌资产的具体呈现包括，来自草原的味道，纯净、营养、丰富；对品质和口味的坚持和执着；创业精神、创新及领先性。

蒙牛持续通过"国际化＋数字化"战略夯实品质基础，以创新驱动可持续发展，不断建立与国内外、行业内外优势伙伴的合作，打造可持续的"蒙牛品牌生态圈"，激发创新能力，推动共同发展。这也是对未来如何让中国乳企联手，建立消费者信心，展示给消费者一个真实的中国乳业品牌品质，体现共赢品牌生态圈的价值理念。

蒙牛一直是引领消费升级的先行者，蒙牛高端牛奶品牌特仑苏、蒙牛纯牛奶都实现了品质升级，嗨 Milk 作为蒙牛首款高品质互联网牛奶，乳蛋白高达 3.6g/100ml，挑战了行业新高。蒙牛品牌的风格转变经历了从比较直白的、基于地域特色的品牌主张，到结合大型活动和事件的焦点品牌营销，再到现在关注品牌的情感表达，关爱、热诚、坦诚地追随内心的创新、温暖、科技感、创意、时尚等成为当下蒙牛品牌诉求的集中体现，而这些都与"只为点滴幸福"的品牌信仰相一致，蒙牛希望成为一个有温度的品牌，蒙牛将在持续为消费者提供高品质产品的同时，聚焦"美食、运动、娱乐"三大资源矩阵，将品牌文化渗透到消费者的生活场景中，把蒙牛打造成幸福生活平台，践行"专注营养健康，每一天、每一刻为更多人带来点滴幸福"的公司使命，做一个与时俱进、引领时尚的快消品公司。

二、伊利集团品牌发展概况

（一）伊利品牌的发展战略

内蒙古伊利实业集团股份有限公司（以下简称伊利），是目前中国规模最大、产品线最全的乳制品企业之一，也是国内唯一一家同时符合奥运及世博标准、先后为奥运会及世博会提供乳制品的企业。2014 年，伊利股份实现营业总收入 539.59 亿元人民币，净利润 41.44 亿元人民币，营收和净利润均位居行业第一。伊利集团落户新西兰、结盟意大利乳业巨头斯嘉达、在荷兰成立海外研发中心——欧洲研发中心，并且和美国相关企业和科研院所在多个领域进行广泛合作。在荷兰合作银行发布的"2015 年度全球乳业排名"中，伊利蝉联全球乳业 10 强，继 2014 年后再次成为全球乳业第一阵营中的唯一亚洲乳企。这是伊利积极推动"中国产品向中国品牌转变"的重要成果，充分展示了伊利的全球影响力和国际话语权。

伊利品牌战略的核心经营思想是：客户至上，品质为本。"以客户为中心"的良好的品牌形象使伊利在市场竞争中获得了极大的竞争力，有效地推动了伊利品牌价值的持续发展。伊利集团由液态奶、冷饮、奶粉、酸奶和原奶五大事业部组成，所属企业近百个，旗下拥有金典有机奶、营养舒化奶、QQ星儿童成长奶、味可滋、巧乐兹、伊利牧场、冰工厂、金领冠、托菲尔、每益添、安慕希等1000多个产品品种。

（二）伊利的品牌文化

伊利倡导食品安全为第一位的品牌文化，始终致力于生产100%安全、100%健康的乳制品，是一家掌控西北、内蒙古和东北等三大黄金奶源基地的乳品企业，拥有相当数量的优质奶源基地以及众多的优质牧场，为原奶长期稳定的质量和产量提供了强有力的保障。

伊利倡导健康的生活方式，通过与消费者的沟通与互动，宣传绿色理念，分享绿色行动，倡导绿色生活，促进环境保护和社会和谐，打造"绿色产业链"，走与自然、社会、公众、行业合作伙伴的和谐共赢之路，从而形成整个产业链可持续发展的"绿色生态圈"。

"成为全球最值得信赖的健康食品提供者"是伊利的发展愿景。伊利在美洲、大洋洲和欧洲都有布点，与意大利乳业巨头斯嘉达、欧洲生命科学领域的顶尖学府——瓦赫宁根大学都有密切的战略合作。同时，伊利欧洲研发中心在欧洲"食品谷"建成，在新西兰投资30亿元建设全球最大的一体化乳业基地，主导实施中美食品智慧谷，伊利全球织网的品牌战略格局已经形成。

探寻伊利的品牌发展之路，其运用的"战略"与"战术"的双向系统布置，形成了具有伊利自有特色的"长线"品牌发展路线。从消费者需求出发，不断催化品牌影响力从产品物理属性向追求品牌文化塑造的精神层面转变，把品牌形象逐步向独特、鲜活的品牌特性方向推进。

未来，伊利将一如既往地提供健康产品，倡导健康生活，引领行业健康发展。以全球化视野、国际化胸怀竭诚满足不同区域消费者的健康需求，成就消费者的健康生活。

第三节　我国乳品产业发展、空间分布及问题分析

一、我国乳品产业发展概况

根据国家统计局数据，截至 2013 年年底，全国规模以上（年度产值 2000万元以上）乳品加工企业 658 家，比 2012 增加 9 家。按照企业经济类型划分，2009 年的国有企业数是 23 家，2013 年为 20 家；集体和股份合作、股份制企业数分别从 2009 年的 7 家、13 家、51 家减少到 2013 年的 4 家、2 家和 46 家；私营企业、外商和港、澳、台投资企业及其他经济类型企业的数量也都呈减少趋势，尤其是私营乳品加工企业数由 2009 年的 350 家，锐减到 2013 年的 234 家。2013 年亏损企业 91 家，比 2012 年减少 23 家，亏损比例下降了 3.8 个百分点。其中，上市企业业绩情况如表 3 – 1 所示。

表 3 – 1　2013 年主要上市乳品企业业绩情况

公司名称	上市地点	2012 年		2013 年		2013 年比 2012 年增幅	
		营业收入（亿元）	净利润（亿元）	营业收入（亿元）	净利润（亿元）	营业收入（%）	净利润（%）
蒙牛乳业	香港	360.80	12.57	433.60	16.30	20.18	29.67
伊利股份	上海	419.91	17.17	477.79	31.87	13.78	85.61
光明乳业	上海	137.75	3.11	162.90	4.06	18.26	30.55
三元股份	上海	35.5	0.33	37.88	– 2.27	6.70	– 787.88
贝因美	深圳	53.54	5.09	61.17	7.21	14.25	41.65
皇氏乳业	香港	7.54	0.33	9.89	0.36	31.17	9.09

数据来源：中国奶业协会信息中心。

2013 年数据显示，全国奶牛存栏 1441 万头，其中，内蒙古、黑龙江、河北的奶牛存栏数在全国位列前三名，分别为 229.2 万头、191.7 万头、

191.2 万头；山东、河南、新疆的奶牛存栏数都在 100 万~185 万头；奶牛存栏数最少的省份是海南、重庆、贵州三省，分别为 0.1 万头、2.0 万头和 4.0 万头。2013 年全国全年的牛奶产量 3531.4 万吨，内蒙古、黑龙江、河北的产量居前三位，分别是 767.29 万吨、518.22 万吨和 458 万吨，以上牛奶产量的数据与这三个省份的奶牛存栏数呈正相关。2013 年全国奶类总产量 3649.5 万吨，毫无疑问，基于牛奶产能的吨位体量，内蒙古、黑龙江、河北的产量当仁不让，雄踞全国各省份前列，分别达到 778.55 万吨、522.52 万吨和 465.66 万吨。在牛奶产量与奶类产量的数据对比中，2013年，陕西的牛奶产量为 141.01 万吨，而同年的奶类产量为 188.55 万吨，两个指标差的幅度在全国各省份中尤为突出，这也从某种程度上表明，陕西省的乳品加工企业生产布局增幅和产能输出呈现双增长的现象。

从全国地区分布来看，以 2013 年的数据分析，全国 658 家乳品加工企业中，74 家在山东省，62 家在黑龙江省，45 家在陕西省，河北省、河南省分别有 35 家和 43 家；在长江以南省份中，分布相对集中于广东省、湖南省、四川省以及江苏省，分别有 28 家、17 家、17 家、26 家乳品加工企业；西藏自治区和海南省目前还没有乳品加工企业。因此可见，乳品加工企业全国数量分布大体呈现"南（长江以南）少北（长江以北）多"，"西（西部地区）疏东（东部地区）密"的态势。2013 年乳品产量排名前10 位的省份如表 3 - 2 所示。

表 3 - 2　2013 年乳品产量排名前 10 位的省份

地区	乳品产量（万吨）	位次	地区	乳品产量（万吨）	位次
内蒙古	300.92	1	江苏	141.63	7
河北	298.12	2	辽宁	96.69	8
山东	274.73	3	四川	94.92	9
黑龙江	213.74	4	安徽	94.05	10
河南	193.06	5	10 省合计	1891.84	占全国 70.12% 的比重
陕西	183.98	6	全国合计	2698.03	—

数据来源：中国奶业协会信息中心。

在乳品消费方面，以国家统计局 2010—2012 年的数据分析，全国城镇居民人均乳制品消费支出呈连年上升趋势，2010 年人均乳制品消费支出为 198.47 元，2011 年、2012 年分别达到 234.01 元和 253.57 元，占以上三年城镇居民食品消费支出的平均比重为 4.19%。具体到各省份数据，这一比例偏高的省份有北京占 5.65%，山西省占 5.45%，西藏自治区占 7.18%，山东省、安徽省、上海市、宁夏回族自治区所占的比例也都超过 5%，陕西省、福建省、河南省、江苏省等省份占比接近 5%，占比相对较低的省份有海南省、湖南省、云南省和吉林省，这些省份的占比平均在 2.5% 左右。整体消费比重的差异除了与城镇居民人均可支配收入及人均现金消费支出相关外，与各地经济发展状况、人口总量、饮食习惯以及乳品产业布局也不无联系。2008—2012 年全国及各省份城镇居民人均乳制品消费支出额如表 3-3 所示。

表 3-3　2008—2012 年全国及各省份城镇居民人均乳制品消费支出额

（元/人）

全国及各省份	2008 年	2009 年	2010 年	2011 年	2012 年
全国	189.84	196.14	198.47	234.01	253.57
北京	332.13	341.88	371.04	384.52	421.05
天津	211.11	205.93	236.06	252.24	325.39
河北	169.14	166.38	148.19	179.01	203.69
山西	205.47	210.64	161.23	201.17	209.63
内蒙古	159.80	175.51	173.47	205.68	237.35
辽宁	213.15	218.57	188.03	213.82	244.07
吉林	126.55	146.29	109.85	141.82	159.41
黑龙江	129.59	135.19	137.02	151.50	179.71
上海	341.69	361.73	410.27	462.70	494.26
江苏	216.44	216.79	234.10	279.66	303.81
浙江	210.20	206.77	219.84	274.03	283.59
安徽	238.78	229.03	241.78	305.14	323.75
福建	201.42	192.71	203.15	254.99	264.37
江西	169.30	180.77	171.04	205.83	217.66

全国及各省份	2008 年	2009 年	2010 年	2011 年	2012 年
山东	215.95	217.93	225.43	251.31	263.62
河南	140.81	148.30	170.31	207.20	214.23
湖北	148.87	149.54	146.55	205.33	218.63
湖南	134.95	131.35	128.30	156.98	147.40
广东	207.50	220.52	211.35	228.97	246.06
广西	139.58	145.27	152.45	179.19	189.55
海南	113.17	144.38	160.75	137.22	144.75
重庆	204.16	214.01	234.68	268.29	317.50
四川	190.15	211.75	203.04	238.86	269.99
贵州	118.35	133.15	154.78	157.23	169.88
云南	65.48	83.85	89.80	187.40	216.00
西藏	311.74	283.24	310.55	410.33	398.54
陕西	197.88	222.41	224.00	256.62	273.33
甘肃	140.37	149.56	168.11	200.05	221.40
青海	140.87	175.18	187.53	193.65	204.82
宁夏	199.40	179.24	176.87	218.14	243.08
新疆	148.52	151.64	164.52	197.70	237.05

数据来源：国家统计局。

数据显示，截至 2014 年年底，我国奶牛存栏量 1460 万头，原料奶产量 3725 万吨，两项数据均达到乳业发展史上的最高水平，比 2013 年同比分别增长 1.25% 和 5.48%，与 2000 年相比，年均增长率为 8.14% 和 11.35%。2014 年奶牛平均单产水平也达到 2.56 吨/头的历史高水平状态，发展势头强劲。我国乳业中原料奶的生产以牛奶为主，目前我国成为继印度、美国之后的第三大原奶生产国。

二、我国乳品产业发展的历史视角

（一）我国近代乳品工业的起源与早期发展

我国近代乳品工业起源于 19 世纪中叶，我国的乳品工业经历了 160 多年的历程。1850—1890 年，市场上已经开始出售水浴加热或在竹笼里蒸的方法进行杀菌的消毒牛奶。原上海川沙县（1992 年撤销，现为浦东新区）有奶牛之乡的称谓，这里很早就养一种叫作"塘角牛"的做劳役的牛，这种牛产犊后有母牛剩余的奶就自用了。1900 年，法国侨民"可的"在上海设立奶棚（养奶牛的地方），生产消毒牛奶。1906 年，上海租界制定了中国最早的牛奶质量标准——暂行牛奶含脂率标准。1911 年，英商开办上海可的牛奶公司，生产瓶装巴氏杀菌奶。厂址设在淮海中路 1575 号，该厂后来迁到郊县改为国营乳品二厂。

1920 年美国留学回国的尤怀皋从美国引进了巴氏杀菌设备，在上海创办了"自由牧场"，生产消毒牛奶，容量分别为 2 磅、1 磅、0.5 磅。1923 年，"上海牛奶同业会"成立，这是中国历史上最早成立的牛奶同业公司，会长张子良，副会长是"自由牧场"负责人尤怀皋，这一组织的成立，标志着中国乳业加工开始以社会组织化的形式出现了，具有里程碑式的意义。

1924 年，"食品牛乳场和市场科"在上海租界成立，这一组织后简称为牛奶科，1945 年又改称"上海乳肉管理所"，成为政府一级管理部门。1926 年，美商在上海虹口开办海宁洋行，生产"美女牌"冷饮、奶粉及全脂甜炼乳。1928 年，上海宝隆医院一位叫作博德的德国医生开办了路升牛奶公司，主要产品是酸奶。1937 年，英商在上海江宁路开办了"最高牛奶厂"，主要生产瓶装消毒牛奶、乳酸产品和稀奶油。新中国成立后改名为乳品一厂，主要生产干酪素和乳制乳糖产品。1941—1942 年，上海建起了"福婴奶粉厂"和"联合乳品厂"，分别生产"福婴"牌和"骆驼牌"全脂甜炼乳。1947 年，前述美商海宁洋行将厂房、设备悉数出售给当时的政府部门，这一洋行即为新中国成立后益民食品一厂的前身。1948 年，海和洋行（海和有限公司）成立，由美商海宁洋行与英商怡和蛋厂合资兴办，生产"美女牌"冷饮和糖果产品。

（二）新中国成立后，我国乳品工业发展历程

1. 在艰难起步中萌发（1949—1977 年）

这一阶段，乳品企业和奶业基地相继被建立起来，相关标准也陆续出

台，产业技术体系也在不断完善过程中。1950 年，内蒙古海拉尔乳品厂建立，1953 年，黑龙江安达乳品厂、广州大达乳品厂相继成立。

1950 年，日处理 2000 千克的鲜奶高压喷雾干燥箱奶粉产品在海和洋行下线，规格为 320 克纸盒包装；1951 年，海和洋行更名为国营益民食品三厂，奶粉注册商标由"美女牌"改为"光明牌"；1952—1953 年，国营益民食品三厂主要生产军用灌装果酱和当时首创的全脂加糖奶粉。

在整个 50 年代，上海益民食品三厂，已经成为一个综合性、多元产品生产的大型乳品厂，除了生产花色雪糕、棒冰和全脂奶粉、全脂加糖奶粉之外，还生产供出口的橘子、苹果果酱等产品。生产产品之多、种类之繁成为行业翘楚，在全国闻名。

1956 年，上海市牛奶公司正式成立，两年后，牛奶公司改为乳品二厂，1957 年 10 月开始生产商标为"光明牌"的奶粉，此时的牛奶喷粉日处理能力大大加强，日产能在 8000～10000 千克。1964—1979 年，出口罐装奶粉的保质技术有所发展，采用在罐内抽空充氮的技术，延长了产品的保质期。从 1979 年 11 月 15 日，上海乳品二厂开始生产不同口味和品种的麦乳精到建立乳品三厂生产鲜奶与奶粉产品，再到乳品四厂、五厂、六厂的建立并投产，都经历了不少曲折和艰难。

1955 年，国家轻工部组织的第一届乳品检验培训班在上海开班；1956 年，第一届乳制品全国会议在北京举行；1958 年 8 月，我国第一部国家级部颁标准《乳、乳制品质量标准及检验方法》由轻工部工业局颁布实施；1963 年，在内蒙古牙克石市召开了全国第一届乳品技术协作会议。

2. 计划经济时代的初步发展（1978—1989 年）

根据 1985 年数据统计，上海共生产了约 2600 多吨奶粉，比 1950 年的数据激增 70 多倍。1949 年上海消毒牛奶的上市量大约为 3 万瓶，1987 年这一数据攀升至 130 万瓶，是 1949 年产量的 40 多倍。在有限的工业生产基础上，这个发展阶段里，产量和销量方面都有了较为明显的增长，这也给乳品工业在初级发展阶段打下了一定的基础。

3. 市场转型期的野蛮生长（1990—1995 年）

随着乳品工业水平的不断提高，国内消费品市场也出现了转向，乳品也是如此，从过去的紧俏货变成人们可以普遍消费的日常消费品。行业自律和规范化运营及科学管理成为整个行业面临的现实问题。1990 年 5 月，"全国大中城市乳业协会"（中国乳业协会前身）在全国大中城市重点垦区奶业经济技术发展研讨会上宣布成立。1993 年 3 月 18 日，出现了中国乳品行业具有标志性的事件，呼和浩特市回民奶制品厂股改上市，成立"内蒙古伊利实业股份有限公司"。1995 年起，雀巢、卡夫、帕玛拉特、达能等国际乳品企业相继进入中国，它们在带来资金、技术、设备的同时，也为中国乳业品牌开始进入规模发展期注入了新的动力和管理理念。这时乳业快速发展的显著特点是每年以两位数的发展速度递增，企业数量激增，出现了大小乳企 3000 多家，主要分布在内蒙古、黑龙江、山东等畜牧大省，直至今日，这些省份的产业产能在全国一直占有相当的份额。

4. 群雄争霸时期的市场混战（1996—2000 年）

在经历了第一个快速发展时期之后，进入 20 世纪末，乳业发展呈现出转型升级的态势。主要表现在由于消费市场的更新换代以及产业结构的不断升级，本土企业发展迅猛并日臻成熟，市场竞争日趋加剧。1996 年，上海光明乳业有限公司（简称"光明乳业"）成立，其依靠扎实的产业积淀、充裕的资金和先进的管理理念，迅速确立了在中国乳业的领先地位。1999 年 8 月，内蒙古蒙牛乳业（集团）股份有限公司成立，成立伊始，在整个行业默默无闻，但在之后的几年里发展迅猛，一头牛跑出了火箭的速度，蒙牛一度成为全国乳业冠军，其品牌知名度也享誉全国，产品遍及大江南北，书写出一篇乳业的神话。总体概括这一阶段的特点是，乳制品行业进入版图重新划分的时期，形成"各路诸侯群雄并起，英雄豪杰竞相割据"之势。

5. 国内企业黄金期，外资企业纷纷折戟（2001—2007 年）

之所以划分这一时段，是因为在中国本土企业发展如火如荼的时候，早年进入中国的外国乳业大咖们却因水土不服而纷纷折戟，在不断探索和寻找新的经营和合作发展模式，这一现象折射出深刻的社会经济发展背景。随着中国加入世贸的脚步不断加快，中国的市场化体系不断完善，全球化步伐也不断加快，从消费方式来看，居民消费理念趋于成熟，市场竞争也越来越激烈，加之互联网技术的勃兴与发展应用，传统的经营和管理理念经受着前所未有的挑战。在快速发展过程中出现的一系列产品质量危机，也不断拷问着消费者的内心，挑战着消费者对乳品行业及乳制品的已有信心，在这个过程中，人们的食品安全健康意识也在不断增强；反之，这样的一个发展时期，也在不断培养出一批"挑剔"的消费者。时下，无论是外资企业还是本土企业，低端的产品和平庸的服务已经远远不能满足消费者的需求，只有不断推陈出新，提升服务能力，才有可能在行业占有一席之地。

6. 新常态下的探索式创新发展期（2008 年至今）

这一阶段是乳业发展急剧变革的时期，而且这一时期的变革还在不断加剧且没有明确预期，数字化和国际化将会是这个较长发展阶段里的关键词，在这些年乳业快速发展的过程中，整个产业也积累和蕴藏着一些矛盾和问题。例如，消费增长趋缓，利润区间不断收窄，发展空间资源匹配日渐紧缺，原材料及运营、运输成本的不断加大，也制约和考验着乳企的发展和前景预期。尤其是乳制品原料奶价格的波动，可谓牵一发而动全身，在相对极端的时间冲突阶段，原料奶供需已经陷入了一个怪圈：奶价涨，市场供应过剩，奶价回落，奶农利空，遂杀牛止损，然后陷入奶荒，倒逼奶价上涨。这好像是一无解的魔咒。

三、我国乳品产业的空间分布

我国的乳品加工产业主要集中在东北、内蒙古与华北地区，产业发展的阶段、习俗、产品类型和发展重点也不尽相同，发展状况也有很大差异。我国的"奶牛带"（主要包括北方的农区和牧区）是原料奶来源的主产区，从地理位置上来说，主要分为五大乳业产区：东北乳业产区，华北乳业产区，西北乳业产区，南方乳业产区和大城市乳业产区。其中东北、西北和华北乳业产区牛奶产量占国内总产量的较大比重，尤其是东北和华北产区，凭借优越的地理位置、丰富的饲料资源和众多的奶源基地，原料奶产量在全国范围内一直靠前，而南方和大城市乳业产区主要是因为靠近消费市场而发展起来的。2009—2013 年全国乳制品产量和增幅变化如图 3－1 所示。

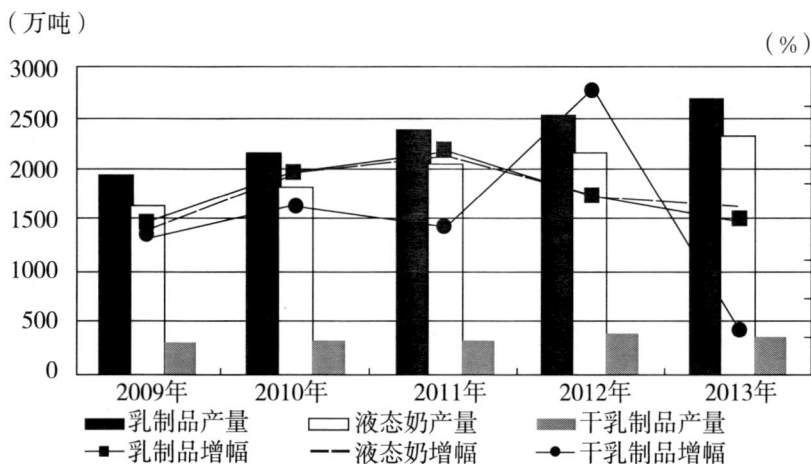

数据来源：国家统计局。

图 3－1　2009—2013 年全国乳制品产量和增幅变化

从全国各地区乳制品企业分布来看，根据国家食品药品监督管理总局网站数据，截至 2014 年 11 月，分布在全国 31 个省份的乳品生产企业共816 家，数量排名前十的省份有，黑龙江 89 家、内蒙古 67 家、山东 53 家、新疆 49 家、陕西 47 家、江苏 46 家、河北 40 家、广东 38 家、甘肃 36 家、河南 35 家。在全国 297 家乳粉生产企业中，黑龙江 69 家、内蒙古 39 家、河北 12 家、陕西 33 家、山东 10 家、新疆 30 家，在总体的数量布局上与液体奶生产企业数量呈正相关。

由于受资源匹配、行业传统、工业基础、奶源供给、天然禀赋等多重因素的影响，婴幼儿配方乳（奶）粉生产企业分布的不均衡性较为突出，在全国 80 家婴幼儿配方乳（奶）粉生产企业中，黑龙江以 28 家的数量在全国处于首屈一指的地位，陕西 13 家，上海 4 家，甘肃、山东、湖南、广东各 3 家，内蒙古、河北、陕西、新疆等液态奶产量大的省份分别有 2 家。2009—2013 年全国液体乳及乳制品制造业基本经营情况，详见表 3－4。

表 3 - 4   2009—2013 年全国液体乳及乳制品制造业基本经营情况

分项	单位	2009 年	2010 年	2011 年	2012 年	2013 年
企业数量	个	803	784	644	649	658
亏损企业数	个	160	147	104	114	91
产品销售收入	亿元	1623. 17	1939. 79	2314. 90	2501. 97	2831. 59
利润总额	亿元	104. 56	176. 99	148. 93	159. 55	180. 11
资产总额	亿元	1154. 02	1383. 55	1543. 15	1744. 14	2056. 90
负债总额	亿元	619. 24	767. 35	879. 27	958. 18	1116. 53

数据来源：国家统计局。

国家统计局数据显示，2009 年全国奶牛存栏 1260. 3 万头，2013 年较之增长 180. 7 万头，增长 14%。但从各省份奶牛存栏数分析，部分奶业大省的奶牛存栏数反呈下降趋势，2009 年，内蒙古、黑龙江、新疆的奶牛存栏数分别为 286. 6 万头、246. 1 万头、267. 0 万头，而这一数据在 2013 年分别下降 57. 4 万头、54. 4 万头、81. 7 万头，其中新疆为降幅之最。但个别省份奶牛存栏数呈上升趋势，2009 年河南的奶牛存栏数为 82. 7 万头，2013 年增长了 18 万头；河北 172. 4 万头，2013 年增长了 18. 8 万头。甘肃从绝对数量上增长较多，2013 年存栏数在 2009 年 19. 5 万头的基础上，增长了 9. 9 万头，增长率为 50. 7%。2009—2013 年全国及各省份奶牛存栏数如表 3 - 5 所示。

表 3 - 5   2009—2013 年全国及各省份奶牛存栏数

（万头）

全国及各省份	2009 年	2010 年	2011 年	2012 年	2013 年
全国	1260. 3	1420. 1	1440. 2	1493. 9	1441. 0
北京	15. 8	14. 9	15. 1	15. 1	14. 4
天津	13. 8	13. 4	14. 0	15. 6	15. 1
河北	172. 4	177. 5	204. 0	196. 3	191. 2
山西	40. 0	38. 9	41. 6	30. 6	32. 1
辽宁	41. 5	43. 0	47. 7	32. 2	30. 5

续表

全国及各省份	2009 年	2010 年	2011 年	2012 年	2013 年
内蒙古	286.6	280.0	278.5	263.2	229.2
吉林	40.6	48.1	54.8	24.0	23.2
黑龙江	246.1	267.6	285.2	202.2	191.7
上海	6.4	6.7	7.1	6.9	5.8
江苏	19.5	20.3	21.6	20.9	20.4
浙江	6.9	7.1	7.0	5.7	5.2
安徽	7.9	9.5	9.5	10.8	11.1
福建	4.3	4.2	3.9	5.1	5.0
江西	3.5	3.6	3.7	7.6	7.5
山东	120.2	128.8	141.5	129.8	125.0
河南	82.7	84.8	89.5	100.6	100.7
湖北	6.2	6.5	7.8	6.3	6.3
湖南	3.4	3.3	3.1	14.0	14.4
广东	5.5	5.2	5.5	5.7	5.8
广西	2.0	2.3	2.3	4.7	4.7
海南	0.1	0.1	0.1	0.9	0.1
重庆	2.4	2.5	2.0	2.3	2.0
四川	16.6	17.9	19.0	19.5	19.4
贵州	1.4	2.2	2.1	3.8	4.0
云南	18.6	20.3	20.3	14.8	15.1
西藏	—	13.6	20.8	36.3	37.2
陕西	63.3	70.0	73.2	46.9	46.5
甘肃	19.5	20.6	21.3	29.1	29.4
青海	22.4	21.2	21.8	28.8	28.6
宁夏	32.3	34.4	36.3	32.9	34.1
新疆	267.0	270.1	285.3	181.5	185.3

备注："—"表示数据未公布。

数据来源：国家统计局。

从 2013 年全国各地区全年奶类产量数据来看，上百万吨产量的省份依然未出老牌乳业大省之左右，内蒙古、黑龙江、河北、河南、山东分别以778.55万吨、522.52万吨、465.66万吨、328.77万吨、281.22万吨位列前5名，较之于2009年都有较大幅度回落，其中内蒙古的产量下降150.27万吨，黑龙江产量下降108.36万吨，河北产量下降86万吨，河南产量略降，而山东创降幅之最，产量下降121.31万吨。总产量不降反升的省份也有几个，云南2009年的产量是57.26万吨，2013年奶类产量升至59.3万吨；上海的奶类产量由2009年的21.25万吨上升至2013年的26.53万吨。

四、我国乳品产业存在的问题

（一）原料奶供求关系相对失衡

乳业原料奶失衡会引发我们对均衡问题的追问。所谓供求失衡，主要是指市场视角下的购买和出售之间的错位。也就是说，在特定市场范围内，其他要素一定的情况下，市场上消费者对某一特定产品购买的数量与卖方所供给的产品的数量不相一致；反之，如果二者处在合理的范围内，数量差距不至于过大，就可以被认为是处在均衡状态。原料奶作为特殊的商品，在乳业市场的供应中表现出了不稳定的特性，原料奶的供需不平衡状况也非常凸显，作为整个乳业市场的重要组成部分，乳业市场的波动在很大程度上由原料奶的供需矛盾来集中体现。

众所周知，原料奶供求间的矛盾主要体现在原料奶产量与乳品企业加工能力及企业数之间的矛盾。2009—2013年全国各地区牛奶产量数据显示，内蒙古牛奶产量分别为924.89万吨，909.05万吨，948.29万吨，2012年产量回落到910.2万吨，2013年急剧下降到767.29万吨，从数据可以反映出牛奶产量的波动性，由此也可以倒推出这一数据对原料奶供需的传导现象。在某一既定市场中，在某个特定时段，如果奶牛存栏数增多，原料奶产量短期出现供过于求的局面，就会出现"奶剩"现象，"奶剩"造成生鲜乳价格收益与成本支出倒挂，其结果就是传导出倒奶、杀牛等止损现象；反之，奶牛存栏数下降，原料奶产量供不应求，奶价上涨，就会打起原料奶价格战，甚至出现局部"奶荒"现象。

为了从根本上解决优质原料奶供给与需求间的矛盾，蒙牛在不断加大构建规模化、自有牧场原料奶供应体系的力度。早在 2005 年，蒙牛就在和林格尔建起了"澳亚国际示范牧场"，通过与国际资本、世界领先牧场管理经验相结合，最早在国内进行了集约化、规模化饲养的尝试，开创万头奶牛场在中国成功运营的成功实践。截至 2015 年年底，蒙牛奶源规模化、集约化奶量占比已近 100%。同时，蒙牛也不断加速自有牧场的建设，2012 年 2 月，蒙牛成立了独资子公司富源牧业，富源牧业现已建成规模化牧场 8 座，奶牛存栏数 3.2 万头，奶牛最高日单产达到 36 公斤。富源牧业通过自建自营、参股控股方式大力发展和扶持有经验的大型养殖公司，引进丹麦、美国、以色列牧场的先进牧场管理体系，逐步与国际化牧场管理接轨。目前，富源牧业形成了具有中国特色的标准化牧场运营管理体系，倾力打造中国式"欧美自然生态牧场"，为行业提供优质原料奶，为消费者提供高品质牛奶。

现代牧业是全球首家以奶牛养殖资源上市的公司，中国最大的规模奶牛养殖及高品质原料奶供应商，奶牛规模化养殖行业的全球引领者。目前在全国拥有 27 个万头规模牧场，奶牛总存栏数 20.15 万头，日产生鲜乳 3200 多吨，成乳牛年均单产 8.9 吨，每年对外销售原料奶 92.43 万吨。2013 年 5 月，蒙牛增持其在现代牧业中的股份比例，从原有 1% 增至 28%，从而成为其最大单一股东，在某种程度上，为近年来乳业市场中频现的原料奶供需不平衡和乳制品的质量安全问题起到了积极的稳定作用。

在我国乳品工业转型升级阶段，我国原料奶的供求仍会受到诸多因素的影响，由市场机制来自发调节乳业市场并不能有效缓解乳业市场的剧烈波动，还有待于我们探索更多层面的解决问题的策略和方法。

（二）奶牛单产和养殖水平较低

我国奶牛单产当前处于较低的水平，这个情况是与奶牛养殖问题密切相关。在应对国内瞬息万变的市场需求过程中，由于我国奶牛单产和规模化饲养水平不高，原料奶供应不足不能满足市场需求的现状，原料奶在相当大的程度上有赖于通过从国外的进口来平衡。在我国乳业发展过程中，单纯依靠增加奶牛存栏数来实现外延式发展过程中并没有考量奶牛单产的要素指标。

国内奶牛单产和规模化水平较低的现状，造成了原料奶的供需失衡，单纯依赖从国外进口原料奶而弥补国内市场的需求在相当长的时间里可能成为常态，同时国内乳业产业链上中下游利益分配不合理使奶农长期处于不利地位，影响奶农的养牛积极性，消费结构和消费潜力的问题，在某种程度上也影响到牧场的提质增效和管理水平的提升。数据显示，2009年我国奶牛存栏达到1260.3万头，牛奶总产量3520.9万吨，奶牛年均单产为2.79吨。2012年的奶牛存栏量为1493.9万头，牛奶总产量达3743.6万吨，奶牛年均单产为2.50吨。可见奶牛存栏数的增加并未反映出奶牛单产的提升。奶牛存栏数和原料奶产量的增加为我国乳品工业发展提供了充足的原料奶资源，推动了我国乳品工业的快速发展，但从数据上也可以解读出，单纯依靠奶牛存栏数的增加来增加奶量并非长久之计，如何能够不断提升饲喂技术和牧场管理水平，在奶牛单产提高上下功夫才是保持原料奶供需相对平衡的长久之策。当然，在现有条件下，提高奶牛单产也并非一朝一夕可以实现的。2007—2012年世界主要国家奶牛平均单产水平详见表3-6。

表3-6　2007—2012年世界主要国家奶牛平均单产水平

（千克/头牛）

全球及各地区	2007年	2008年	2009年	2010年	2011年	2012年
全球	2307.3	2333.5	2281.0	2292.6	2290.5	2318.7
德国	6978.5	6794.3	6964.6	7075.8	7236.1	7280.0
西班牙	6349.8	7018.7	7037.5	7674.9	7715.6	7471.0
法国	6337.7	6099.5	6045.9	6262.0	6673.6	6582.6
爱尔兰	5023.4	4905.6	4767.3	4974.8	4957.2	4715.7
意大利	5830.8	6137.0	5768.4	5589.9	5960.8	5921.0
荷兰	7424.0	7111.5	7294.5	7467.8	7536.5	7576.5
英国	7176.6	7186.5	7431.3	7611.4	7849.0	7683.5
波兰	4435.6	4546.2	4776.2	4837.6	5019.4	5189.1
欧盟27国	6042.5	6035.4	6104.6	6212.4	6465.6	6466.3

全球及各地区	2007 年	2008 年	2009 年	2010 年	2011 年	2012 年
俄罗斯	3501.5	3596.5	3698.2	3782.1	3857.2	3913.4
乌克兰	3664.6	3795.1	4050.9	4082.9	4175.0	4430.8
白俄罗斯	3901.9	4246.3	4508.3	4564.9	4390.3	4571.3
澳大利亚①	5335.7	5622.6	5600.7	5810.0	5728.4	5575.3
新西兰	3748.0	3500.0	3577.8	3634.6	3715.5	4002.8
加拿大	8187.6	8276.6	8394.6	8531.4	8699.3	8816.8
美国	9219.1	9362.0	9336.9	9587.3	9677.7	9841.3
墨西哥	4489.3	4599.0	4499.5	4496.2	4501.4	4536.3
阿根廷	4464.7	4628.5	4507.1	4496.3	4496.3	5387.6
巴西	1237.4	1317.6	1296.4	1339.8	1381.6	1414.6
中国	4140.0	4575.0	4800.1	5200.0	5400.0	5500.0
日本②	7326.1	7425.1	7498.0	7502.9	7477.3	7795.2
印度③	1122.6	1160.0	1153.5	1168.5	1169.3	1196.2
巴基斯坦③	1230.0	1230.0	1230.0	1229.9	1230.0	1263.5
土耳其	2666.9	2758.5	2802.5	2847.1	2899.0	2991.3

备注：①奶业年度为 7 月 1 日至次年 6 月 30 日，2012/2013 奶业年度为估计数；

②奶业年度为 4 月 1 日至次年 3 月 31 日数据；

③奶业年度为 7 月 1 日至次年 6 月 30 日。

数据来源：中国奶业年鉴 2014。

我国乳业过去很长一段时间依靠增加奶牛存栏数这一单一、粗犷的模式来实现自身发展，这种发展模式忽视了奶牛单产的提高。2012 年，全国奶牛存栏数为 1493.9 万头，牛奶总产量为 3743.6 万吨，奶牛年单产约为 2.5 吨。而同期美国的奶牛存栏数和牛奶总产量分别是 923.3 万头、9086.5 万吨，奶牛年单产为 9.84 吨。2012 年我国奶牛单产约是美国奶牛单产量的 1/4。在奶牛存栏数远远高于美国同期水平的情况下，牛奶产量只有美国的近三成，其中最为关键的原因在于我国奶牛单产低。与亚洲国家韩国的奶牛单产水平相比我国也有一定差距，2012 年韩国奶牛存栏数为

24.9 万头，牛奶产量为 211.1 万吨，奶牛年单产 8.48 吨。

造成奶牛单产水平低下的原因是多方面的，但其主要受奶牛良种数量结构比例低，良种牛数量少的因素影响。荷斯坦种奶牛是世界上乳业界公认的高产奶牛，我国的良种奶牛品种也主要是荷斯坦种奶牛的杂交种群，该良种奶牛在我国的分布较广，数量也多，2009—2013 年，我国总计从国外引进改良种用牛 45.53 万头，良种牛覆盖率只占到 2013 年全国奶牛存栏量的 3%。我国每年需要从国外进口大量的改良种用牛和牛冷冻精，2013 年全国改良种用牛进口 10.22 万头，牛冷冻精液进口 8677 公斤，改良种用牛数量比去年回落 20%，牛冷冻精液增加 1575 公斤，进口量在未来有进一步增加的态势。2009—2013 年全国改良用牛进口量值见表 3 - 7。

表 3 - 7　2009—2013 年全国改良用牛进口量值（来源地）

源地	2009 年		2010 年		2011 年		2012 年		2013 年	
	进口量（头）	进口额（万美元）	进口量（头）	进口额（万美元）	进口量（头）	进口额（万美元）	进口量（头）	进口额（万美元）	进口量（头）	进口额（万美元）
国家合计	37453	7523.38	87990	19301.74	99348	26209.99	124291	36440.32	102243	26666.68
澳大利亚	23476	4943.17	64221	14255.76	54299	14687.72	61145	18153.62	69650	17089.77
西兰	9999	1678.72	15521	3121.74	28272	7176.99	35643	10508.06	31271	8390.41
拉圭	3970	873.40	8248	1924.25	16777	4345.27	27503	7778.63	4022	1186.49

数据来源：海关总署。

目前，我国引进高产良种奶牛品种的使用也仅限于规模较大的生产养殖企业，小规模养殖和散养农户则无力承担和接受如此高昂的成本，由于散户奶牛养殖的技术能力普遍有限，在规范养牛、挤奶、提供优质饲料等方面还相对滞后，并不能有效满足市场对高质量且数量庞大的原料奶和乳制品的需求。出现这种状况的主要原因是，我国奶牛养殖规模化程度低，乳品产业集聚规模效应不明显，没有对整个产业起到积极的推动作用。

成立于 2006 年的内蒙古赛科星繁育生物技术（集团）股份有限公司，

是一家生产经营牛用冷冻精液、奶牛养殖繁育、奶牛人工授精冷配服务、机械设备租赁、机械设备专业技术服务、牧草与其他作物的种植、农牧业机械销售为一体的现代化乳品上游产业链专业公司。公司致力于通过以奶牛性控为主的繁育技术开发应用，培育更多适合中国的良种奶牛，建设高品质的奶源基地。公司引进先进的冻精、胚胎，制定科学的选种选配计划，开展良种繁育工作，扩大后备牛的选择范围，提高选种强度，筛选基因优良、系谱指数高、体型外貌无缺陷的后备牛，建立起不同月龄、多品种结构的种牛后备梯队。公司通过不断强化奶牛后裔测定工作，培育 CPI 公牛，提升公司育种核心竞争力，持续开展 DHI 测定，广泛开展测后牧场服务，提高测定可靠性，建立牛群档案及 DHI 档案，报送 DHI 测定数据，为我国良种牛种群繁殖及种群生态完善方面起到了较大的先导作用，成为推动我国奶牛改良和奶牛养殖业升级的一支生力军。

原料奶产量是乳业生产原材料的基本来源，所以原料奶的不足会导致资源和环境的涵有量弱化，乳品产业集聚空间中每个企业得到的资源就变得有限，在这种境况就会导致不同品牌对资源的无序争夺、对品牌生态位的无序占据，从而引发激烈的品牌间性竞争，对产业集聚和发展造成负面影响。

（三）乳制品进出口贸易逆差严重

在传统表述上，国际乳制品质量以及品牌影响力较高，当国内乳制品由于各种原因不能满足市场需求时，往往需要进口国外乳制品来弥补国内市场出现的供需缺口，反之，乳制品出口量呈现出的低水平徘徊的态势长期以来未有明显改观，由此形成了我国乳制品长期处于贸易逆差的状态，且进出口差距大有继续扩大之趋势。2014 年 11 月，中国—澳大利亚新自由贸易协定谈判结束，澳大利亚超过 85% 的出口产品（包括乳制品）将在协议生效后实现零关税，欧盟正式于 2015 年 4 月废除实行了 30 余年的牛奶配额制度，未来国外乳品进入本国的数量将会迅速增长，国内乳品企业和乳业市场会面临较大压力。贸易逆差在持续扩大，一方面不断削弱我国乳业的国际竞争力，不利于乳业的可持续发展，另一方而乳制品大量进口会使国外乳品质量问题和供求波动快速传导至国内市场，直接影响我国乳品的质量和供需，不利于乳业市场的稳定和政府宏观调控的实施。

进出口贸易失衡的关键因素在于缺乏品牌竞争力，即品牌生态系统发展处在较为低端的状态，没有形成有效的合力及竞争力，具体而言，即乳业品牌特化和泛化、品牌差异化水平较低。2011—2013 年，全国乳制品进口量分别为 90.6 万吨、134.1 万吨、182.71 万吨，呈连年上升趋势，进口额为 262019 万美元、467190 万美元、714663 万美元。2011—2013 年全国乳制品出口总量分别为 4.33 万吨、4.49 万吨、3.60 万吨，呈现小幅波动的态势。2011—2013 年，进口干制乳品中，奶粉的进口量最大，分别达到 44.95 万吨、57.29 万吨、85.44 万吨，2013 年的奶粉进口额也比 2012 年增加 165734 万美元，增幅达 86%，而 2012 年奶粉的出口量仅为 0.97 万吨，2013 年则降至 0.33 万吨。

出口的液体奶中，鲜奶的出口量在 2011—2013 年间没有太大的变化，分别为 2.50 万吨、2.80 万吨、2.65 万吨。进口液态奶中，鲜奶的进口量有较大波动，2011—2013 年，进口量分别为 40.54 万吨、9.38 万吨、18.46 万吨，在 2012 年与 2013 年进口量相差近一半的情况下，平均单价的变化不大，分别为每吨 1266.24 美元和 1270.02 美元，说明从进口成本方面，2013 年的价格水平比 2012 年下降近 50%。进口液态奶产品在我国乳品的价格竞争力凸显出来，在这一品类上，国产品牌与海外品牌的竞争在价格生态层面变得越来越直接。

近年来，婴幼儿配方奶粉的进口量稳步增长，2012 年进口量为 9.15 万吨，2013 年增加到 12.28 万吨，但平均价格并没有太大的跳跃，2012—2013 年的平均价格为每吨 1.15 万美元和 1.20 万美元。出口量大幅萎缩，2013 年数据表明，干乳制品出口 1.24 万吨，同比下降 46.3%；液态奶出口 2.65 万吨，同比下降 4.8%；全部出口乳制品折算为原料奶后为 12.03 万吨，同比下降 26.7%。且出口市场依然高度集中于中国香港、中国澳门，以及蒙古国、中国周边国家和非洲国家。2009—2013 年全国乳制品进口情况见表 3-8。

表 3 - 8 2009—2013 年全国乳制品进口情况

品种	2009年 进口量	2009年 进口额	2009年 平均单价	2010年 进口量	2010年 进口额	2010年 平均单价	2011年 进口量	2011年 进口额	2011年 平均单价	2012年 进口量	2012年 进口额	2012年 平均单价	2013年 进口量	2013年 进口额	2013年 平均单价
乳制品	596999.25	102799.22	1721.93	745293.54	196952.44	2642.62	906063.52	262019.46	2891.84	1340953.62	467190.96	3484.02	1827134.80	714663.52	3911.39
液态奶	14305.25	2406.28	1682.10	17119.09	3238.27	1891.61	43085.89	6941.51	1611.09	101678.38	14363.19	1412.61	194807.32	27455.32	1409.36
鲜奶	12779.41	1970.20	1541.70	15889.94	2818.93	1774.04	40539.83	6049.02	1492.12	93781.28	11874.92	1266.24	184566.60	23440.24	1270.02
酸奶	1525.84	436.08	2857.96	1229.15	419.34	3411.59	2546.06	892.49	3505.37	7897.10	2488.26	3150.85	10240.72	4015.08	3920.70
干乳制品	582694.00	100392.94	1722.91	728174.45	193714.17	2660.27	862977.63	255077.95	2955.79	1239275.25	452827.77	3653.97	1632327.48	687208.20	4209.99
奶粉	246787.44	58040.89	2351.86	414039.80	138810.02	3352.58	449541.86	164544.50	3660.27	572875.19	192738.56	3364.41	854415.94	358472.83	4195.53
炼乳	1732.28	397.51	2294.71	3266.03	739.17	2263.20	4913.49	1155.41	2351.50	5514.50	1259.59	2284.14	9265.34	2088.32	2253.90
乳清	288753.81	28422.04	984.30	264499.03	34480.99	1303.63	344244.02	57102.19	1658.77	378378.65	74723.67	1974.84	434069.55	85045.29	1959.25
奶油	28443.69	6566.50	2308.60	23448.93	9140.62	3898.10	35675.52	18368.42	5148.75	48325.96	19566.16	4048.79	52300.67	22611.98	4323.46
干酪	16976.78	6966.00	4103.25	22920.66	10543.37	4599.94	28602.74	13907.45	4862.28	38805.57	18655.11	4807.33	47316.49	23106.20	4883.33
婴幼儿配方奶粉	—	—	—	—	—	—	—	—	—	91511.19	104867.46	11459.52	122792.70	147795.08	12036.15
乳糖	—	—	—	—	—	—	46423.53	5679.39	1223.39	79811.70	15584.86	1952.70	83538.85	14479.60	1733.28
酪蛋白	—	—	—	—	—	—	—	—	—	12476.46	12389.77	9930.51	12534.92	13863.95	11060.26
白蛋白	—	—	—	—	—	—	—	—	—	11576.03	13042.60	11266.90	16093.01	19744.94	12269.27

备注：① "—" 表示数据未公布；

②计量单位：进口量（吨），进口额（万美元），平均单价（美元/吨）。

数据来源：海关总署。

从贸易额上看，我国乳制品贸易不平衡进一步加剧，2013年，如果将脱脂奶粉、全脂奶粉、乳清、黄油和奶酪按照国标、其余干乳制品按1∶7、液态奶按1∶1折算，2013年我国进口乳制品折合1367.10万吨原料奶，进口金额为71.5亿美元，同比增长了52.8%；乳制品出口额仅为7605万美元，同比下降了32.3%；乳制品贸易逆差为70.7亿美元，而2013年我国牛奶产量为3531万吨，我国进口的乳制品占到消费市场的近三成，乳制品进口依存度达27.7%。我国乳制品进出口贸易失衡的状况在可预见的未来，不会得到有效的改观。

（四）乳品产业品牌生态系统处于无序状态

乳品产业品牌生态系统处于无序状态，表现为乳业产品价值链流通不畅，上下游企业利益分配不均，同一产业的企业品牌，如蒙牛和伊利，以及其他中小乳业企业和品牌，没有形成协同进化的生态系统交互模式。中国乳业产业链上的各个环节配合不协调、利益分配不公平问题比较严重。

在整个乳业产业链中，奶牛养殖生产、乳品加工、销售三个环节的投入比通常为7.5∶1.5∶1.0，而利润比为1.0∶3.5∶5.5，从这一比例可以看出，目前奶牛养殖中散户和小规模养殖所占比重较多，奶农环节成本最高、风险也最大，但是利润表现却最为低端。我国现在奶源模式主要是"公司＋农户"的形式，在先市场后奶源的市场运营模式下，乳企成为奶农和市场的协调者与组织者，但实际上两者各自经营，企业在定价过程中处于主导地位，同时承担定价、收奶、制造、开辟市场等多环节功能，而奶农则在产业链中处于弱势地位，农户养殖规模小，分散化运行，没有与企业议价的能力，在奶农与乳制品加工企业的博弈中，散户奶农只能被动地接受乳品企业制定的收购价格，利润分配与成本分摊极不平衡。当奶农的收益得不到保障，利润被中游和下游企业掠夺，而生产成本又逐年增加时，会严重打击其生产原料奶的积极性，影响原料奶质量的提升和数量的增加。

物价指数PPI（Producer Price Index）主要是用来衡量企业购买的一揽子物品和劳务的总费用。在生产流通过程中，由于企业最终要把它们的费用以更高的消费价格的形式转移给消费者，所以，通常认为生产物价指数的变动对预测消费物价指数的变动是有用的。从我国奶类生产价格指数层面来分析，2011年前两个季度液态乳及乳制品的生产价格指数分别为：

108.94、108.59、108.28 和 108.18、107.76、107.35，2012 年头一个季度的生产价格指数同比都略有下降，分别为 103.39、102.68 和 101.91。从 2013 年开始，生产价格指数在四季度的数据都有较大提升，分别达到 107.55、109.28 和 110.58，与 2012 年相比，四季度平均都有较大的增幅。由于 2013 年奶类生产价格指数的攀升的直接传导作用表现在 2013 年我国 10 个主产省份生鲜乳平均收购价格的提高，2013 年全年，每月收购价格都是呈现上升趋势，下半年从 7 月到 12 月的数据分别为每公斤 3.55 元、3.61 元、3.70 元、3.81 元、3.98 元和 4.12 元，这样的价格增长给乳企尤其是大型乳企带来相当大的成本压力和对利润指标实现的不确定性。在这样的价格博弈中，利益分配的不平衡性在散户身上体现得淋漓尽致，当原料奶价格一度低于奶牛养殖成本，奶农收入少于其承担的成本，往往倾向于通过倒奶、卖牛及杀牛等方式止损，以保证收入，由此也使得原料奶供求不平衡的矛盾突出，整个乳品产业品牌生态的无序状态在周而复始中轮回。2009—2013 年全国乳类物质消费价格指数（月度）如表 3-9 所示。

表 3-9 **2009—2013 年全国乳类物质消费价格指数（PPI，月度）**

上一年 PPI = 100

月份	液态乳及乳制品					液体乳				
	2009 年	2010 年	2011 年	2012 年	2013 年	2009 年	2010 年	2011 年	2012 年	2013 年
1 月	106.94	101.68	108.94	103.39	102.17	106.80	103.96	108.82	104.04	102.07
2 月	104.54	102.41	108.59	102.68	102.78	106.88	104.38	108.67	103.33	102.78
3 月	102.16	103.49	108.28	101.91	103.50	103.42	103.45	108.47	102.38	103.70
4 月	99.73	104.39	108.18	102.48	102.71	104.41	104.32	108.49	102.89	102.77
5 月	99.85	105.32	107.76	102.84	102.86	101.61	104.43	108.14	103.05	102.93
6 月	99.60	105.42	107.35	102.36	103.67	100.54	104.74	107.71	102.72	103.62
7 月	99.75	106.32	106.92	102.51	104.15	100.38	106.11	107.35	102.84	104.07
8 月	99.63	106.84	106.94	102.24	104.74	100.28	105.54	107.41	102.54	104.49
9 月	99.31	106.45	107.58	101.95	106.75	99.97	105.18	107.23	102.24	106.67
10 月	100.10	106.33	105.92	102.15	107.55	101.08	105.24	106.66	102.32	107.74
11 月	100.25	106.16	105.20	101.95	109.28	102.43	106.25	106.19	101.97	109.33
12 月	100.83	106.44	105.20	101.92	110.58	102.90	107.24	104.82	101.82	111.07

数据来源：国家统计局。

在原料奶和乳制品产量激增的情况下，市场销售需求不足会直接引起乳业市场中原料奶出现供过于求的局面，比如2014年以来，较长的一个时间周期里生鲜乳价格连续下跌，国内乳制品消费不足所引起的传导效应是主因，而就国内对乳制品的消费来说，城乡居民消费差距还较大，农村乳制品的消费潜力尚未得到充分开发。由于城镇居民收入长期高于农村居民，加上受思想观念等方面的影响，在较长时期内农村居民年人均乳制品消费量甚至达不到城镇居民消费量平均水平的一半。不断缩小城乡收入差距及拓展乳品销售渠道，有助于助推国内乳品行业产品结果升级和消费水平的提升，也更有利于乳业品牌生态内涵的不断丰富和扩展以及有序的乳业品牌竞合生态的建立。

（五）乳品消费文化普及程度不高

根据以上论述可知，我国人均奶制品消费处于相对较低的水平，很大程度上，这对于我国居民的身体健康等都有着不利的影响。奶制品消费的影响因素很多，包括收入水平、饮食习惯、生活方式、文化传统等。就目前发展状况来说，我国居民收入在普遍提高，恩格尔系数普遍降低，收入不再成为影响奶制品消费的主要因素。那么，主要的影响因素就在于对乳业品牌的认知，以及对奶制品消费文化的认同。比如，内蒙古有食用奶制品的饮食文化，但是河南、山东、海南、贵州等地缺乏这种传统。乳品企业应当主动大力培育乳业品牌文化，承担起培养奶制品消费习惯的社会责任和文化使命，以及产业文化建构的宣传责任。

消费的不足在消费现象上的直接反应就是消费需求乏力，而收入水平是影响消费水平的决定性因素之一，正常来说，消费者的收入水平提高就会增加对商品的消费量，乳制品消费也符合这个规律。以2010—2012年全国36个大中城市居民人均奶及奶制品（以下简称奶制品）购买数量和金额数据分析，2010年全国平均每人消费奶制品购买数量（数量为鲜乳品、奶粉、酸奶之和，奶粉没有折合为液态；金额为乳品、奶粉、酸奶和其他乳制品购买金额之和）为每人24.03千克，消费金额为277.18元。购买数量及消费金额较多的省份中，北京市平均每人购买34.35千克，消费金额为 396.36 元；上海市平均每人购买 29.23 千克，消费金额为 410.27 元；广州市平均每人购买 18.88 千克，消费金额 309.04 元；深圳平均每人购买 12.27 千克，消费金额为 321.97 元。其中上海平均消费金额居全国之首，北京紧随其后。在省会城市中，南京市的人均购买量是 31.50 千克，平均消费金额达 344.04 元；银川市和合肥市的人均购买量也比较抢眼，分别达到 40.68 千克和 32.30 千克，消费金额达到 209.20 元和 346.51 元。2011 年与 2012 年的全国平均购买数与 2010 年基本持平，维持在 23.37 千克和 23.25 千克。北京市的人均奶制品购买数在这两年里有微量下降，分别为 29.56 千克和 29.37 千克。上海市、广州市及深圳市的人均购买数及平均消费金额与 2010 年数据基本持平。长沙市、海口市、长春市的人均购买数与平均消费金额指标表现低迷，人均消费金额均未突破百元。2010—2012 年全国 36 大中城市居民人均奶及奶制品购买数量见表 3 – 10。

表 3 – 10　2010—2012 年全国 36 大中城市城市居民人均奶及奶制品购买数量

（千克/人）

全国平均及城市	2010 年	2011 年	2012 年
	数量	数量	数量
全国平均	24.03	23.37	23.25
北京市	34.35	29.56	29.37
天津市	24.25	23.03	23.90
石家庄市	30.49	32.17	29.99
太原市	21.44	20.14	19.57
呼和浩特市	28.30	25.41	27.40
沈阳市	21.55	20.61	21.09
大连市	27.77	27.45	28.57
长春市	14.69	12.94	14.13
哈尔滨市	19.68	17.56	20.92
上海市	29.23	30.44	30.82
南京市	31.50	29.07	28.19
杭州市	24.38	20.06	18.93

续表

全国平均及城市	2010 年	2011 年	2012 年
	数量	数量	数量
宁波市	21.95	20.99	22.56
合肥市	32.30	31.71	29.23
福州市	27.12	23.78	23.71
厦门市	15.70	12.48	12.83
南昌市	30.85	29.78	31.16
济南市	24.29	26.75	23.87
青岛市	32.15	29.69	26.69
郑州市	22.58	27.44	29.13
武汉市	15.73	18.19	16.85
长沙市	10.16	10.27	9.43
广州市	18.88	17.36	17.29
深圳市	12.27	11.82	10.45
南宁市	17.98	16.87	17.36
海口市	8.92	6.63	5.46
重庆市	29.15	21.38	22.65
成都市	30.31	24.65	23.75
贵阳市	20.40	18.74	18.05
昆明市	11.42	24.19	25.59
拉萨市	16.66	4.19	3.58
西安市	23.93	22.53	23.24
兰州市	28.84	23.42	23.33
西宁市	30.72	29.68	27.54
银川市	40.68	44.42	35.73
乌鲁木齐市	23.54	23.26	25.79

备注：数量为鲜乳品、奶粉、酸奶之和，奶粉没有折合为液态。

资料来源：国家统计局。

我国地大物博、幅员辽阔，各地乡土风情、人文地理都各具特色，单纯从乳制品消费来说，除了与城乡居民收入差别的关联外，更多表现出的还有地域、文化、饮食习惯、对乳文化的认知水平等方面的差异。就中国饮食习惯来说，传统上有着"东辣西酸、南甜北咸"之说，东部地区地处沿海，食辣以驱寒；西部地区物产较为贫乏，腌制酸辛之食较为普遍；南方饭食多清淡偏喜甜口；而北方地区肉食较多且重口味。天南海北的口味各异，习俗迥然，造就了多姿多彩的饮食习俗与文化。乳制品食用也是一样，同样存在类似的饮食习惯和文化的差别，且影响颇深。其中，海南就是一个非常典型的例子，典型的海岛文化传统中似乎就没有和生产及食用乳制品产生什么瓜葛和关联，更何况地处热带地区，也是极不适合养殖奶牛的，乳品工业从未有明显的萌发，海岛文化饮食习惯中多见食用海鲜、蔬果，且以大米为主食，因此，乳制品购买数量不多，人均消费金额少也是意料之中的事情。类似海南这样的状况在其他省份的表现原因也大体相同，只是所造成的原因林林总总，不一一列举。

随着我国城乡居民收入水平的不断提高，对营养丰富的乳制品的需求量逐渐增加。但是我国人均乳品消费量远未饱和，与其他乳品消费大国和地区（如印度、美国和欧洲各国）相比差距较大，我国人均乳品消费量仅为全球平均水平的1/4，饮食习惯相近的日本和韩国的人均乳品消费量约是我国的2倍。

数据显示，2009年，全国36大中城市居民人均奶及奶制品购买数量为25.31千克，而这一数据到2012年下降到23.25千克，购买金额从2009年的270.10元增加到2012年的347.49元，年均增长率6.5%，表明消费动力明显不足，而同期农村居民人均纯收入从2009年的5153.17元增长到2013年的8895.91元，消费支出从2009年的3993.45元激增到2013年的6625.53，年均增长率高达13.2%，农村家庭居民人均乳品消费从2009年的3.60千克上升到2013年的5.16千克，上升趋势明显，可以想象的空间还很大。以上数据表明，我国乳制品消费增长潜力的释放有赖于农村乳制品市场需求的强力增长，农村奶制品需求也必定会成为乳制品消费增长的新兴支撑力量，农村乳制品消费蕴藏的潜能应该得到足够的重视。农村乳制品消费市场成为乳品消费市场下一个掘金的目标市场。

第四章 我国乳品产业空间集聚的
实证分析与品牌生态系统

乳品加工业是乳品产业的核心。近年来，我国乳品加工业产业取得了长足的发展，在地区经济发展和居民生活水平提高的过程中扮演着重要角色。目前，针对乳品加工业产业集聚课题的相关研究中，运用空间计量经济分析的研究较为缺乏，本书在这一章节以我国29省份，2009—2013年空间面板数据为样本，分别运用固定效应、随机效应的空间滞后模型和空间误差模型，对我国乳品加工业产业集聚及其影响因素进行了探析。得出的结论是，我国省域乳品加工业存在较强的空间依赖性和正的空间相关性，产业集聚度的高低与资源禀赋、外部范围经济、产业本身盈利能力和政府扶持力度呈正相关，与经济基础呈负相关，劳动力成本并不是影响产业集聚度的显著因素。

我国乳品产业空间集聚也引发了乳业品牌的空间集聚效应，可以说，后者是前者发展的自然结果，从而形成了乳业品牌生态系统及其结构。乳品产业空间集聚对乳品产业的发展有着直接的促进作用，但对品牌、品牌关系、品牌文化及品牌生态的影响则需要深入的分析。影响乳品产业空间集聚的因素也会影响乳业品牌的建设和发展，同时，产业集聚本身亦会塑造新的品牌间性关系。从我国乳业发展的整体背景以及国际化趋势而言，二者只有在相互促进、和谐共生的状况下，才能更好地驱动我国乳业产业的良性竞争和有序发展。

随着我国乳品加工业产业的发展，许多乳品加工企业已经克服了地理空间的限制，空间集聚现象日趋明显，从少数几家乳品加工企业增加到2013年的658家，在地理分布上集中在东北、华北和西北地区。在乳品加工业产业快速发展的背景下，考虑到产业集聚空间的外溢性，我国乳品加工业产业集聚空间相关性如何？影响集聚的因素有哪些？本章运用对影响我国乳品加工业产业集聚空间计量模型的因素进行实证分析，阐释了集聚的空间溢出效应和异质性。

国内外对乳品加工产业集聚及其影响因素的研究尚处于起步阶段，大部分研究集中于对乳品加工业产业集聚程度的测算与衡量。国外学者对产业集聚的研究相对较多，在基本理论层次研究方面，新古典贸易学派认为，自然资源、劳动力、技术等资源禀赋影响到产业集聚（Ohlin B.，1968）[1]；新经济地理学派将外部规模经济纳入到产业集聚的分析中，认为，由于外部规模经济的存在，某一产业的集聚又会进一步促进产业集聚加速（Henderson JV.，1974）[2]。国外部分学者还运用空间计量模型相关理论研究一系列经济问题，例如，Lesage（1999）运用空间计量模型的方法研究发现，中国省域经济增长存在明显的空间集聚模式；同时，一个国家经济的增长会影响到其他国家的经济增长，验证了经济增长的空间溢出效应（Easterly W.，1988）；Tschoegl（2000）认为，外部规模经济促进金融机构选择特定区位，当众多金融机构集聚时会使这一区位更加具有优势。

国内部分学者针对乳品加工业产业集聚进行了一系列研究，一方面是面向全国对省域乳品加工业产业集聚情况的研究，我国乳品业集中状况和空间布局是影响经济绩效和产业竞争力的两个重要方面，我国乳品加工业产业集聚度和空间集聚度都不高（花俊国，2007），我国乳品加工业产业主要集中在东北、内蒙古和华北地区，同时产业集聚对乳业成长具有显著的促进作用（成小平，2012）。李力在面向个别省份对乳品加工业产业集聚的研究中认为，内蒙古乳品加工业、畜产品生产能力、规模报酬、产业投资区位选择是产业集聚的决定因素，畜产品生产能力、产业集聚度、原有产业固定资产规模是产业投资区位选择的决定因素，同时分析了内蒙古畜产品加工业产业集聚的发展趋势（李力，安玉发，2008）。国内学者还将空间计量模型引入到

[1] Ohlin B.. Interregional and International Trade [M]. Cambridge：Harvard University press，1968：89 - 92.

[2] Henderson JV.. The sizes and types of cities [J]. American Economic Review，1974，64（4）：640 - 656.

产业集聚的研究中来,例如运用空间计量模型对纺织业产业集聚、金融业产业集聚等进行相关研究(牛鸿蕾,2011;任英华,2010)。

上述研究成果促进了乳品加工业产业集聚理论的发展,但针对我国乳品加工业产业集聚的研究并未完全考虑到产业集聚与空间地理区位的相关性,从而忽略了空间维度的异质性,较少运用计量模型对乳品加工业产业集聚进行实证研究。在我国不同省份之间各方面经济条件的差异非常明显,传统的回归模型并不能有效估计乳品加工业产业集聚的空间溢出效应,因此需要将空间计量模型纳入到研究中来,本书以2009—2013年省域面板数据为基础,对我国29个省份乳品加工业产业集聚影响因素进行空间计量分析,探索乳品加工业产业集聚形成的深层次原因。

第一节　理论假设与基本模型设定

一、理论假设

假设1:我国乳品加工业产业集聚存在空间依赖性和空间溢出效应。

产业集聚是指同一产业在某个特定的地理区域内高度集中,产业资本在空间范围内不断汇聚的一个过程。19世纪以来,Alfred Marshall、Weber、Porter、Hoover等经济学家对产业集聚这一经济现象进行了深入分析,国内学者张学良、赵良仕、孙庆刚、刘和东、牛鸿蕾、任英华等分别发现我国基础设施、水资源利用效率、能源强度、区域创新、纺织品加工业集聚、金融集聚等均存在空间依赖性和空间溢出效应。但对我国乳品加工业产业集聚方面的研究相对较少,由于规模较大的乳品加工企业如蒙牛、伊利、光明、飞鹤、龙丹、完达山等企业具有空间地理接近性等性质,因此,做出我国乳品加工业产业集聚存在空间依赖性和空间溢出效应的假设。

假设2:资源禀赋即原材料可得性是影响乳品加工业产业集聚的核心要素,对乳品加工业产业集聚存在显著的促进作用。

新古典贸易理论认为,具有自然资源禀赋的优势决定了产业的区位集中,对原材料依存度比较高的产业,资源禀赋是决定其区位选择的核心要素，在产业集聚过程中起到基础性作用。乳品加工业的发展需要原料奶作为原材料，原料奶具有保鲜期短、易腐坏的特点，乳品加工企业在区位选择时一般会将原料奶的可得性作为首要考虑的因素。因此，提出原材料可得性是影响乳品加工业产业集聚的核心要素的假设。

假设3：劳动力成本显著影响乳品加工业产业集聚，并与其呈负相关态势。

新古典贸易理论认为除自然资源禀赋外，劳动力、技术等外生资源禀赋也是影响产业集聚的重要因素。王永培（2010）通过研究发现众多产业在沿海地区的集聚引起我国大量中东部地区农村劳动力向东部地区转移，劳动力转移又进一步促进产业集聚。劳动力作为"软生产要素"是提高制造业竞争力的重要因素，廉价的劳动力使得地方产业的发展具有成本优势，进而促进产业集聚，乳品加工业属于加工制造业，劳动力的可得性和劳动力成本的高低就会影响到乳品加工业的产业集聚，一般情况下，劳动力成本越低越会对加工制造业产业集聚产生更大的吸引力。

假设4：行业已有规模水平与乳品加工业产业集聚有正相关性。

由经济学家 Marshall 于1890年提出，后经 Krugman 等学者进行发展和完善的外部规模经济理论认为，行业规模较大地区比行业规模较小的地区更具有生产效率，行业规模的扩大会引起行业的收益增加，进而导致同一产业及其辅助部门在一个或几个地点大规模集聚。以 Henderson、Fujita 等为代表的新经济地理学派认为，由于规模报酬递增，引起平均成本下降，进而提高竞争力，进一步扩大规模，促使产业高度集聚。乳品加工业已有规模水平决定其能否形成外部规模经济，已有规模水平越高越有利于乳品加工业在该地区的集聚。

假设5：政府扶持力度与乳品加工业产业集聚有显著正相关性。

新经济地理学派的发展为产业集聚理论注入了新的活力，Baldwin 认为，政府采取有力的保护措施可以促进本地区产业利润提高，吸引资本，加速资本积累，促进产业集聚。Lanaspa 研究发现政府效率高的地区更容易吸引产业集聚❶。乳品加工业产业集聚也离不开政府的作用，政府对本

---

❶ Lanaspa L. F. , Pueyo F. & Sanz F. . The Public Sector and Core-Periphery Models ［J］. Urban Studies，2001，38（11）：1639 – 1649.

地区经济发展采取保护措施，将更加有利于乳品加工业产业的集聚。

假设6：经济基础与乳品加工业产业集聚有正相关效应。

乳品加工业是国民经济的组成部分，一个地区经济发展水平的高低将会影响到本地区产业的发展。在经济基础较好、经济较为发达的地区拥有更为良好的基础设施、更好的投资发展环境和健全的制度保障，同时消费水平也就越高，乳品加工业更容易集聚。在经济基础较差、经济欠发达地区，基础设施、投资环境和制度保障相对较差，不利于乳品加工业的集聚，因此做出经济基础与乳品加工业产业集聚有正相关效应的假设。

假设7：地区产业盈利能力对乳品加工业产业集聚存在正向影响。

以 August Losch 为代表的区位经济理论学派认为内部竞争降低了费用、增加了需求，并且需求将相对集中，进一步促进生产集中，相对激烈的竞争关系迫使产业集聚区的企业提高效率，降低成本，满足多样化市场需求，获得更高的利润，因此在产业集聚区域其盈利能力反而相对较强。地区产业盈利能力将会对该产业内的企业产生巨大吸引力，地区间产业盈利能力的差异也将会对乳品加工业产业集聚产生影响。

此外，产业集聚理论认为交通设施、对外开放程度也是影响产业集聚的重要因素，但是国内交通基础设施建设在经历一个快速发展期后，目前已经基本形成等级公路、铁路、高铁、航空等立体式交通运输系统，乳品加工业不同于资金密集型大规模制造业，其对交通因素的要求相对较弱，所以在此并未考虑交通基础设施状况对乳品加工业产业集聚的影响。我国乳品加工企业主要以国内企业和国内外合资企业为主，外商直接建生产厂较少，其对乳品加工业产业集聚影响较弱，因此也并未考虑在内。

二、变量选取

1. 产业集聚度

区位熵由Haggett 提出，用来衡量某一区域要素的空间分布状况，用区位熵系数 LQ 测算我国乳品加工业产业集聚程度，通过计算我国各省份乳品加工业区位熵，可以得出乳品加工业在我国相对集中的省份有哪些。计算公式为：

$$LQ_{ij} = \frac{m_{ij}/gdp_{ij}}{M_j/GDP_j} \qquad (4-1)$$

m_{ij} 为 i 省份第 j 年乳品加工业的产品销售产值，gdp_{ij} 为 i 省份第 j 年的生产总值，M_j 为第 j 年全国乳品加工业产品销售总产值，GDP_j 为第 j 年国内生产总值。LQ 值越大，乳品加工业产业集聚度就越高，如果 $LQ > 1$，就可以认为乳品加工业在该省份具有较高的集聚度。

2. 资源禀赋即原材料可得性

各个省份奶类产量可作为衡量乳品加工业原料可得性的标志，能够有效反映我国各省份乳品加工业的资源禀赋状况，用 MY（Milk Yield）表示。

3. 劳动力成本

乳品加工业企业从业人员平均工资是反映乳品加工业劳动力成本的最佳指标，但由于奶业相关统计年鉴上并没有从业人员工资水平的统计口径，所以用各个省份城镇单位就业人员平均工资来反映乳品加工业的劳动力成本，用 AWUW（Average Wages of Urban Workers）表示。

4. 已有规模水平

一般情况下，一个产业资产规模越大，其产出能力越强，由于各省份乳品加工业已有资产规模数据难以获得，考虑到资产规模与产出能力的关系，本书选取各省份乳品加工业销售产值反映产业已有规模水平，用 DPV（Dairy Products Sales Value）表示。

5. 政府扶持力度

各省份财政收入占 GDP 的比重可以反映政府对本地市场的保护和扶持力度，财政收入占 GDP 的比重较高，政府就越有动力大力扶持本省份相关产业的发展，为经济发展营造良好的外在环境，财政收入占 GDP 的比重用 GRR（Government Revenue Rate）表示。

6. 经济基础

反映一个地区经济基础的指标很多，最常用的有人均 GDP、GDP 总量、政府财政收入等，考虑到人均 GDP 越高，其居民消费能力越强的特点，这里使用人均 GDP 来衡量一个地区已有经济发展水平，用 PCGDP（Per Capita GDP）表示。

7. 地区产业盈利能力

我国各省份乳品加工业利润率可以综合反映各省份乳品加工业产业的盈利能力，利润率越高代表其盈利能力越强，这里用各省份乳品加工业利润额占产品销售收入产值的比重来近似地表示地区盈利能力，用 PM（Profit Margin）表示，影响乳品加工业产业集聚的因素如表 4-1 所示。

表 4-1　影响乳品加工业产业集聚的因素

影响因素	测度指标	符号缩写	预计正负性
资源禀赋	奶类产量	MY	正
劳动力成本	城镇单位就业人员平均工资	AWUM	负
外部规模经济	乳品加工业销售产值	DPV	正
政府扶持力度	财政收入占 GDP 比重	GRR	正
经济基础	人均 GDP	PCGDP	正
地区产业盈利能力	乳品加工业利润占销售收入产值比重	PM	正

三、基本模型设定

根据上述假设和相关测度指标的选取，设定线性模型公式如下：

$$LQ_{ij} = \beta_0 + \beta_1 MY_{ij} + \beta_2 AWUM_{ij} + \beta_3 DPV_{ij} + \beta_4 GRR_{ij} + \beta_5 PCGDP_{ij} + \beta_6 PM_{ij} + \varepsilon_m$$

$$(4-2)$$

其中 β_0 为常数项；β_k 为回归系数，$k = 1, 2, \cdots, 6$；$i = 1, 2, 3, \cdots, 29$ 代表我国 29 个省份；$j = 1, 2, 3, 4, 5$ 代表从 2009 年到 2013 年五年的面板数据，ε 为随机误差项。

在选择研究样本时，由于海南省不存在与其相邻的省份，西藏自治区部分数据缺失，我国的香港、澳门、台湾地区数据不详，所以选择上述 5 个地区之外的 29 个省份作为研究样本，考虑的数据的可得性和完整性，数据主要来源于《2010—2014 中国统计年鉴》《中国奶业年鉴》和中国国家统计局网站等，数据分析主要运用高级空间计量算法完成。

第二节　空间计量模型设定

在传统的统计学理论中，假定观测值与观测值之间是相互独立的，然而从空间数据来看，空间计量经济学理论认为，独立的观测值是较少存在的，观测值之间一般存在着空间相互作用，即地区间经济地理数据存在空间依赖性和空间自相关性。在空间计量模型的基础上，乳品加工业产业集聚影响因素的空间计量分析，应该首先检验因变量是否存在空间自相关性，如果存在，则建立空间滞后模型和误差模型，对乳品加工业产业集聚影响因素进行空间计量估计检验。

一、乳品产业集聚全域空间自相关性检验

全域空间自相关性检验 GSA（Global Spatial Autocorrelation）从省域空间上整体刻画省域乳品加工业产业分布情况，是检验产业集聚度是否显著与其相邻空间点的集聚度是否相关联的重要方法，这里运用空间自相关指数 $Moran's\ I$ 检验乳品加工业产业集聚存在空间相关性。

其计算公式如下，

$$Moran's\ I = \frac{\sum_{i=1}^{n}\sum_{j=1}^{n} W_{ij}(LQ_i - \overline{LQ})(LQ_j - \overline{LQ})}{S^2 \sum_{i=1}^{n}\sum_{j=1}^{n} W_{ij}} \qquad (4-3)$$

其中 $S^2 = \frac{1}{n}\sum_{i=1}^{n}(LQ_i - \overline{LQ})$；$\overline{LQ} = \frac{1}{n}\sum_{i=1}^{n} LQ_i$；$LQ_i$ 表示第 i 个省份乳品加工业产业集聚的区位熵系数，$i=1，2，3，\cdots，29$；W_{ij} 为二进制下的临近空间权重矩阵，识别不同空间对象之间的临近关系。这里采用相邻距离设定权重矩阵法，即如果两个不同省份之间地理区位上相邻则设为 1，不相邻则设为 0，其公式如下，

$$W_{ij} \begin{cases} 0 & i\text{省份与}j\text{省份相邻} \\ 1 & i\text{省份与}j\text{省份相邻} \\ 0 & i=j \end{cases}$$

其中 $i=1$，2，3…29，$j=1$，2，3…29，当 $i=j$ 时，W_{ij} 为 0，即权重矩阵对角线元素取 0，$Moran's\ I$ 指数取值在 -1 到 1 之间，指数大于 0，则乳品加工业产业集聚存在正向的空间自相关，指数小于 0，则乳品加工业产业集聚存在负向的空间自相关。通过绘制空间相关系数 $Moran's\ I$ 散点图将我国 29 个省份乳品加工业产业集聚形态分成四象限空间依赖关系，一象限 HH（High-High）乳品加工业集聚度较高的省份被其他集聚度价高的省份包围，二象限 LH（Low-High）乳品加工业集聚度较低的省份被集聚度较高的省份包围，三象限 LL（Low-Low）乳品加工业集聚度较低的省份被其他集聚度较低的省份包围，四象限 HL（High-Low）乳品加工业集聚度较高的省份被集聚度较低的省份包围。

根据值可以用正态分布假设检验 29 个省份是否存在空间自相关关系，即在正态分布假设条件下计算 $Moran's\ I$ 标准化 Z 值，其计算公式如下，

$$Z(d) = \frac{Moran's\ I - E(Moran's\ I)}{\sqrt{var(Moran's\ I)}} \tag{4-4}$$

其中期望值

$$E(Moran's\ I) = \frac{1}{n} \tag{4-5}$$

方差 $var(Moran's\ I)$

$$= \frac{n^2 W_1 + n W_2 + 3 W_0^2}{W_0^2(n^2-1)} - E(Moran's\ I) \tag{4-6}$$

如果 Z 值均大于在 0.01 或 0.05 置信水平下的临界值 1.96 或 1.65，则我国乳品加工业产业集聚存在正向相关关系，即存在明显空间依赖性。

二、空间计量经济模型

两个方面的原因会导致空间自相关性，一为相邻区域存在着客观联系，二为样本数据采集时存在空间上的误差，分别体现在空间自回归模型的误差项和因变量的滞后项上，因此可将空间计量模型分为两种，即空间滞后模型 SLM（Spatial Lag Model）和空间误差模型 SEM（Spatial Error Model）。

1. 空间滞后模型 SLM

空间滞后模型主要用于一个省份中影响乳品加工业产业集聚的因素对相邻区域其他省份乳品加工业产业集聚产生影响的情形，即研究该变量在省域上是否存在空间溢出效应。计算公式如下，

$$Y = \rho WY + X\beta + \varepsilon \qquad (4-7)$$

其中 Y 为因变量，X 为自变量矩阵，W 为空间权重矩阵，WY 为空间滞后因变量，ρ 为空间自回归系数，ε 为随机误差项。根据公式（4-7），乳品加工业产业集聚影响因素的空间滞后模型公式设定如下，

$$LQ = \rho \ (E_T \otimes W) \ LQ + \beta_1 MY + \beta_2 AWUM + \beta_3 DPV + \beta_4 GRR$$
$$+ \beta_5 PCGDP + \beta_6 PM + \varepsilon \qquad (4-8)$$

其中 $(E_T \otimes W)$ 为矩阵的克罗内克积，E_T 为 T 阶单位矩阵，W 为空间权重矩阵，参数 β_i，$i = 1$，2，$\cdots$，6 反映了各个影响乳品加工业产业集聚因素对集聚度的影响，空间滞后变量 $(E_T \otimes W) \ LQ_{ij}$ 反映空间距离对区域乳品加工业产业集聚的影响，是一个内生变量。

2. 空间误差模型 SEM

因地理位置不同，地区间的相互作用存在差异时，就需要运用空间误差模型进行估计，空间误差模型的计算公式如下，

$$Y = X\beta + \varepsilon \qquad (4-9)$$
$$\varepsilon = \lambda W\varepsilon + \mu = \ (E_n - \lambda W)^{-1}\mu \qquad (4-10)$$

其中 λ 为空间误差系数，衡量空间依赖作用，ε 为随机误差项，μ 表示服从正态分布的随机误差向量，E_n 为 n 阶单位矩阵。根据公式（4-9）、公式（4-10），乳品加工业产业集聚影响因素的空间误差模型公式设定如下，

$$LQ = \beta_1 MY + \beta_2 AWUM + \beta_3 DPV + \beta_4 GRR + \beta_5 PCGDP + \beta_6 PM + \varepsilon + \mu$$
$$(4-11)$$

其中参数 β_i，$i = 1$，2，$\cdots$，6 反映了各个影响乳品加工业产业集聚因素对集聚度的影响，μ 为服从正态分布的随机误差向量，$\varepsilon = \ (E_n - \lambda W)^{-1}\mu$。

在空间计量模型中，对传统的最小二乘估计变量系数的估计值会有偏

差甚至无效，空间计量模型估计一般采用广义最小二乘估计或极大似然估计，针对空间滞后和空间误差模型，这里采取极大似然估计的方法。

判断空间滞后模型和空间误差模型哪个更适合，一般通过拟合优度 R^2 来选择，R^2 越大，模型拟合度越高，拟合效果就越好。另外还可以通过自然对数似然函数 LogL（Log Likelihood）、似然比率 LR（Likelihood Ratio）、赤池信息准则 AIC（Akaike Information Criterion）、施瓦茨准则 SC（Schwartz Criterion）来选择。LogL 值越大，AIC、SC 值越小，模型拟合度越高，LogL值越小，AIC、SC 值越大，模型拟合度越低，在空间滞后模型和空间误差模型选择时，通过 R^2、LogL、AIC、SC 值来综合考量哪种模型最优。

第三节 实证结果分析

一、乳品产业集聚区位熵空间自相关性检验

根据区位熵计算公式（4-1），我国各省份乳品加工业区位熵系数如表4-2所示，从区域层面来看，我国乳品加工业产业集聚度较高的地区是华北、东北和西北地区，中南、西南和华东地区集聚度相对较低；从时间变化层面来看，西北地区乳品加工业产业集聚度2009—2013年整体上升较快，特别宁夏和陕西，传统乳业发达的省份即内蒙古和黑龙江集聚度明显下降；2009年全国乳品加工业产业集聚度最高的六个省份依次为内蒙古、黑龙江、宁夏、陕西、上海、河北，2013年集聚度最高的六个省份依次为黑龙江、宁夏、内蒙古、陕西、河北、上海，集聚度最高的六个省份没有发生变化，但相应的排序出现了变动，内蒙古集聚度由第一下降到第三，黑龙江由第二上升到第一，宁夏由第三上升到第二，上海下降到第六，河北则由第六上升到第五，但从集聚度数值来看，黑龙江、内蒙古和上海呈下降趋势，宁夏、陕西和河北呈上升趋势。综合来看，2009年到2013年我国乳品加工业产业集聚度大部分省份均有不同程度的上升，少部分省份出现不同程度的下降，但传统乳品加工业集聚地得以延续，并未出现明显

的新的产业集聚地，但集聚度绝对数值有升有降，宁夏、陕西和河北的乳品加工业集聚度的快速上升为我国乳品加工业的发展注入新的活力，2009—2013 年各省份乳品加工业区位熵系数如表 4 - 2 所示。

表 4 - 2　2009—2013 年各省份乳品加工业区位熵系数

省份		2009 年	2010 年	2011 年	2012 年	2013 年
华北	北京	1. 078415	1. 034069	1. 069968	1. 077882	1. 102943
	天津	0. 502999	0. 618738	0. 865858	0. 713553	1. 365149
	河北	1. 503711	1. 567345	1. 656046	1. 74751	1. 785628
	山西	0. 750314	0. 937223	0. 783025	0. 784102	0. 758432
	内蒙古	7. 202618	6. 522545	5. 909151	4. 824749	4. 710306
东北	辽宁	1. 243544	1. 19077	1. 194555	1. 073878	1. 059847
	吉林	0. 246448	0. 340034	0. 479164	0. 484211	0. 4691
	黑龙江	6. 83371	6. 664661	6. 219887	5. 221178	5. 184054
华东	上海	1. 510664	1. 565186	1. 503468	1. 720428	1. 478702
	江苏	0. 218232	0. 217845	0. 260504	0. 352624	0. 369237
	浙江	0. 22644	0. 188895	0. 230163	0. 294521	0. 284968
	安徽	0. 751748	0. 81895	0. 733367	0. 839488	0. 803823
	福建	0. 234334	0. 207023	0. 109558	0. 130401	0. 134807
	江西	0. 515701	0. 474673	0. 410789	0. 47635	0. 493416
	山东	1. 037763	1. 075496	1. 072848	1. 296846	1. 189423
中南	河南	0. 497506	0. 546818	0. 711102	0. 790279	0. 836593
	湖北	0. 463306	0. 469348	0. 470466	0. 466516	0. 500674
	湖南	0. 743311	0. 524612	0. 520196	0. 365889	0. 402325
	广东	0. 50279	0. 544303	0. 565706	0. 597154	0. 62086
	广西	0. 199281	0. 304914	0. 343655	0. 370322	0. 433459
西南	重庆	0. 309863	0. 475355	0. 488744	0. 398242	0. 545348
	四川	0. 384578	0. 502431	0. 538048	0. 512992	0. 540088
	贵州	0. 367003	0. 448483	0. 510066	0. 187972	0. 172577
	云南	0. 429736	0. 445402	0. 465339	0. 634735	0. 621552

续表

省份		2009 年	2010 年	2011 年	2012 年	2013 年
西北	陕西	1.744979	1.736334	1.886317	2.030003	2.144147
	甘肃	0.42323	0.529859	0.476545	0.805404	0.839343
	青海	0.820136	1.376558	0.604174	0.906551	0.822348
	宁夏	2.147102	1.772315	2.263251	4.400071	4.8391
	新疆	1.018264	1.113483	0.975052	1.041966	0.899895

备注：海南省与其他省份不相邻，不予以研究；我国的香港、澳门、台湾地区以及西藏自治区数据不详，也不予以研究。

利用公式（4-3）（4-4）（4-5）（4-6）计算出 2009—2013 年我国 29 省份整体上的 Morna's I 值、正态分布假设下的期望值 $E(I)$、Z 统计量、标准差 sd (I) 和相应的 P 值，如表 4-3 所示。2009—2013 年 Morna's I 的 P 检验值均小于 0.05，正态分布假设下的 Z 统计量的值均大于 0.05 显著水平下的正态临界值 1.96，Morna's I 值从 2009 年的 0.273 增加到 2013 年的 0.336，说明 29 省份乳品加工业空间集聚存在着明显的正的空间溢出效应，相互之间存在空间依赖关系，乳品加工业产业空间分布并不是相互独立的，具有较高集聚度的省份相互临近，具有较低集聚度的省份相互靠近，空间上的集聚现象非常明显。

表 4-3　29 省份乳品加工业产业集聚 Morna's I 指数值

年份	Morna's I	$E(I)$	sd (I)	z	P-value
2009	0.273	-0.036	0.101	3.067	0.002
2010	0.270	-0.036	0.101	3.028	0.002
2011	0.308	-0.036	0.103	3.334	0.001
2012	0.331	-0.036	0.113	3.254	0.001
2013	0.336	-0.036	0.113	3.297	0.001

为深入分析乳品加工业产业空间集聚特征，本书做出了基于 Morna's I 散点图，如图 4-1 所示。根据 Morna's I 散点图以及表 4-4 所示，我国大部分省份分布在第 I 和 III 象限。第 I 象限代表高集聚度的省份被其他高集聚度的省份包围，包括宁夏、陕西、内蒙古、黑龙江、河北、天津 6 省份，占 20.67%，主要分布在西北和华北地区；第 II 象限代表低集聚度的省份被

其他高集聚度省份包围，包括北京、陕西、辽宁、吉林、甘肃 5 省份，占 17.24%，主要分布在华北和东北地区；第Ⅲ象限代表低集聚度的省份被其他低集聚度的省份所包围，包括江苏、浙江、安徽、福建、江西、山东、河南、湖北、湖南、广东、广西、重庆、四川、贵州、云南、青海、新疆 17 个省份，占 58.62%，遍布于华东、中南、西南区域；第Ⅳ象限代表高集聚度的省份被低集聚度的省份包围，只有上海处于第Ⅳ象限，占 3.45%。以上分析表明，我国乳品加工业产业发展，一方面在空间上存在空间集聚现象；另一方面产业集聚在空间上存在着依赖性和异质性，假设 1 成立。因此，在分析影响乳品加工业产业集聚因素时，应从空间计量分析的角度出发。

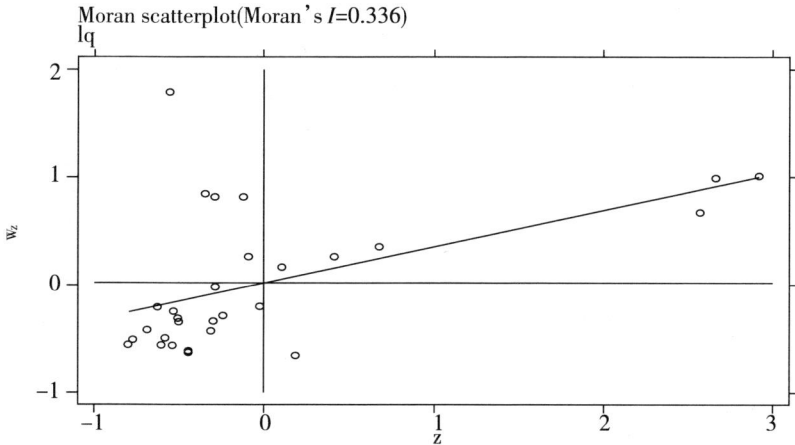

图 4-1　我国乳品加工业集聚度 *Morna's I* 散点图

表 4-4　不同象限省份分布

象限序号	空间相关性方式	省份
第Ⅰ象限	HH（High-High）	宁夏、陕西、内蒙古、黑龙江、河北、天津
第Ⅱ象限	LH（Low-High）	北京、山西、辽宁、吉林、甘肃
第Ⅲ象限	LL（Low-Low）	江苏、浙江、安徽、福建、江西、山东、河南、湖北、湖南、广东、广西、重庆、四川、贵州、云南、青海、新疆
第Ⅳ象限	HL（High-Low）	上海

二、乳品产业空间计量模型估计

空间相关性检验的结果已经表明，我国 29 个省份乳品加工业产业集聚存在明显的空间自相关性，传统的最小二乘回归（OLS）估计的结果会存在较大的偏差，因此本书分别采用固定效应和随机效应情况下的空间滞后模型（SLM）和空间误差模型（SEM），并在我国 29 个省份空间面板数据的基础上，对影响乳品加工业产业集聚的因素进行估计与检验，根据结果选择最为理想的模型并进行解释。为了便于比较，首先进行普通最小二乘回归，其结果如表 4 - 5 所示，最小二乘估计整体的拟合优度 R^2 为 0.7143，资源禀赋、外部范围经济、政府政策环境的回归系数为正，且分布通过了 5% 和 1% 置信水平下的显著性检验，说明这三个变量与乳品加工业产业集聚度呈现正相关关系，而经济基础系数为负且通过 5% 水平下的显著性检验，这可能是由于忽略了空间自相关性所导致的，因此需要运用空间计量模型进行估计和检验。

表 4 - 5   最小二乘估计 OLS

变量	系数 ρ	标准差 σ	t 统计值	P 值
MY	3.39e - 07 **	6.78e - 08	5.00	0.000
AWUW	6.73e - 06	0.0000144	0.47	0.642
DPV	0.0073747 ***	0.0017541	4.20	0.000
GRR	10.57208 ***	4.029894	2.62	0.010
PCGDP	- 0.0000173 **	7.10e - 06	- 2.44	0.016
PM	- 1.211589	2.304065	- 0.53	0.600
cons	- 0.4989081	0.3605385	- 1.38	0.169
R^2	0.7143			
AIC	352.927			
SC	373.7641			

备注：***，**，*分别表示 1%，5% 和 10% 水平下的显著性检验。

利用极大似然估计法，分别对固定效应和随机效应的空间滞后模型和空间误差模型进行参数估计，其结果如表 4-6 所示，空间误差模型的结果中，Hausman 检验中 CHI^2 的 P 值等于 0.9613，则拒绝原假设，采用固定效应，同时，固定效应的 AIC 值和 SC 值远小于随机效应，所以固定效应的空间误差模型要优于随机效应的空间误差模型，但是，固定效应和随机效应的空间滞后模型的参数 λ 值均未通过 10% 水平下的显著性检验，因此，空间误差模型对整个模型的拟合优度并不高；空间滞后模型的结果中，Hausman 检验中 CHI^2 的 P 值等于 0.973，则拒绝原假设，采取固定效应的空间滞后模型，同时固定效应的 AIC 值和 SC 值同样小于随机效应，且固定效应的 R^2 为 0.8062 大于随机效应 R^2，即固定效应的空间滞后模型拟合优度最高，且固定效应的空间滞后模型的参数 ρ 通过了 10% 水平下的显著性检验，因此综合五种空间计量模型，选择拟合优度最高的固定效应的空间滞后模型（SLM），并对参数估计的经济含义做出相应的解释。

三、结果分析

假设 1 成立。据表 4-6 的结果可知，固定效应的空间滞后模型 ρ 值通过了 10% 水平下的显著性检验，说明我国乳品加工业产业集聚日益明显，且存在着空间自相关和空间溢出效应，下面将对影响乳品加工业产业集聚的原因进行逐一分析。

假设 2 成立。固定效应的空间滞后模型中奶类产量 MY 的系数为 $3.43e-7$，且通过了 1% 水平下的显著性检验，与乳品加工业产业集聚度成正相关关系，是影响乳品加工业产业集聚的要素之一，但是其系数相对较小，这是因为随着交通运输基础设施的完善和保质保鲜技术的不断进步，原料奶的运输与冷藏问题已经不再是乳品加工企业所关心的最核心问题。

假设 3 不成立。固定效应的空间滞后模型中劳动力成本 AWUW 的系数估计并未通过 10% 水平下的显著性，这说性劳动力成本并不会显著影响我国乳品加工业的集聚，与假设 1 要素禀赋理论相悖，究其原因：一是乳品加工业集聚度较高的黑龙江、内蒙古、陕西、宁夏等省份在自然条件、相对区位、基础设施等方面依然相对落后于东部沿海地区，在一定程度上抵

表4-6 乳品加工业产业集聚的空间滞后模型和空间误差模型估计结果

变量	空间误差模型 SEM				空间滞后模型 SLM			
	固定效应	P值	随机效应	P值	固定效应	P值	随机效应	P值
MY	3.43e-07***	0.000	3.50e-07***	0.000	3.40e-07***	0.000	3.28e-07***	0.000
AWUW	8.76e-06	0.529	-8.86e-07	0.942	0.0000112	0.390	-5.90e-07	0.960
DPV	0.0075375***	0.000	0.0070135***	0.000	0.0075642***	0.000	0.0069709***	0.000
GRR	16.70575***	0.001	15.31339***	0.001	15.89509***	0.001	15.03425***	0.001
PCGDP	-0.0000356***	0.005	-0.0000219**	0.023	-0.0000373**	0.002	-0.000022**	0.017
PM	2.705108**	0.033	2.157213	0.119	2.629744**	0.036	2.232159*	0.102
cons			-0.677795*	0.086			-0.7964253**	0.041
σ^2	0.0908785***	0.000	0.1146391***	0.000	0.0909542***	0.000		
σ							0.1159495***	0.000
ρ					0.1147027*	0.101	0.1354406	0.155
λ	0.0496378	0.722	0.0914267	0.513				
R^2	0.6979		0.7294		0.8062		0.7464	
LogL	-31.9151		-94.6815		-31.9479		-93.9300	
AIC	77.83026		207.363		76.89588		205.86	
SC	98.6674		234.1536		97.73302		232.6506	
Hausman	Prob > chi2 = 0.9613				Prob > chi2 = 0.9735			

备注：同表4-5。

消了这些省份的劳动力成本优势;二是"滚雪球"效应的存在,乳品加工业在一些省份初步集聚以后,就会进入良性发展和不断自我增强的过程,这又会进一步促进集聚,最终产生"滚雪球"效应,相对削弱了廉价劳动力对乳品加工业集聚的影响。

假设 4 成立。固定效应空间滞后模型中的已有规模水平 DPV 的系数为 7.5375e-3,且通过了 1% 水平下的显著性检验,与乳品加工业产业集聚度成正相关关系,这说明假设 4 中乳品加工业外部范围经济效应确实存在,当乳品加工业在某一省份集聚,随着其整体规模的增加和整体平均成本的下降,又会进一步促进产业集聚,即已有规模水平增加 1 单位,乳品加工业产业集聚度就会相应增加 7.537e-3 个单位。

假设 5 成立。固定效应空间滞后模型中政府扶持力度 GRR 的系数为 15.89509,且通过了 1% 水平下的显著性检验,与乳品加工业产业集聚成非常显著的正相关关系,验证假设 5 政府扶持力度为整个产业的发展营造较好的发展环境,进一步存在产业在这一区域的集聚的假说,同时也说明政府在产业发展和产业集聚中的作用。系数值为 15.89509,换算成百分比即政府财政收入占 GDP 比重每增加 1%,集聚度系数将会增加 0.1589509。

假设 6 相悖。固定效应空间滞后模型中经济基础 PCGDP 的系数为 -3.73e-5,通过 1% 水平下的显著性检验,与乳品加工业产业集聚成负相关关系,这与假设 6 相反,即省域经济发展水并不是正向影响乳品加工业产业集聚,相反二者是负相关关系,人均 GDP 每增加 1 个单位,产业集聚度下降 3.73e-5 个单位。究其原因是因为中国东部经济较为发达的省份的人均 GDP 远高于中西部地区,但是包括厂房建设、生产管理、企业管理、员工工资水平等各方面成本也相对要远高于中西部地区,同时考虑的原料奶的可得性,大部分乳品加工企业在区位分布上更加倾向于如内蒙古、黑龙江、宁夏、陕西等经济欠发达的省份,近而出现了经济发展水平与乳品加工业产业集聚成负相关的估计结果。

假设 7 成立。固定效应空间滞后模型中地区产业盈利能力 PM 的系数为 2.629744,且通过 5% 水平下显著性检验,与乳品加工业产业集聚成正相关关系，验证假设 7 中地区乳品加工业产业利润率越高对其他同类企业吸引能力越强的假设。

四、结论

通过构建固定效应和随机效应的空间滞后模型（SLM）和空间误差模型（SEM），在与普通最小二乘估计（OLS）相比较的基础上，最终选择固定效应的空间滞后模型解释我国乳品加工业产业集聚的影响因素，可得出如下结论：

我乳品加工业产业集聚现象存在空间自相关性，不同省份之间具有较强的空间依赖性和正向空间溢出效应，即与本省份相邻省份乳品加工业的发展能够促进本省份乳品加工业发展与集聚，因此强化相邻省域之间乳品加工业的交流与合作，促进相应人才和资本在区域间流动，优化区域间整体资源配置，将会更好地促进我国乳品加工业健康、快速发展。

与大多数时间维度的产业集聚研究结果相类似，资源禀赋、外部范围经济、产业本身盈利能力与我国乳品加工业产业集聚显著正相关，不同省份根据自身在原料奶方面的资源禀赋特征和已有规模水平的高低，采取不同的乳品加工业产业发展策略，对促进乳品加工业集聚发展水平和提高乳品加工业品牌企业的竞争力具有重要现实意义。政府扶持力度与乳品加工业产业集聚显著正相关，政府维持良好的经济运行环境是乳品加工业集聚的催化剂和基本保证，各省份应根据自身乳品加工业产业发展的不同阶段，通过政府和市场共同作用，促进乳品加工业产业长远发展。与理论假设不同，劳动力并不是影响乳品加工业产业集聚的显著因素，乳品加工业产业集聚的省份并不是得益于其廉价的劳动力成本。与假设相悖，经济基础与乳品加工业产业集聚成负相关，与经济较为发达的省份相比乳品加工业更倾向于集聚在经济欠发达省份，中西部省份应抓住这一契机，促进本省份乳品产业集聚，带动经济发展。

第四节 产业集聚塑造特定区域内的品牌生态系统

一、空间集聚与品牌生态

目前，我国乳业产业集聚虽然有很大程度的发展，但正如实证分析所看到的，除却蒙牛、伊利等大的品牌企业，多数企业仍然处于技术化水平较低、产品同质化、缺乏品牌优势的状况。如何促使我国的乳品企业集群从世界范围内的乳业价值链低端获得突破、升级并获得更大的市场占有率和品牌知名度，是亟待解决的课题。研究资料显示，集群产业品牌生态系统的培育对于推动企业集群发展、企业效益增加和知名度提升有着直接的作用。[1]

也就是说，良好的品牌生态系统能够使得优质的劳动力、技术和资源在企业集群之间的合理流动和有序配置，大大提高集聚企业的合作共赢和开拓创新的能力。同时，也能够利用集聚品牌的"搭乘效应"和"辐射效应"为集聚空间区域内的中小企业建设自身的品牌，从而不断优化品牌生态系统结构、要素和功能，使得相关产业不断深入发展，并提升在国际市场中的品牌竞争力。

（一）从品牌到品牌生态系统

品牌生态系统概念的提出是由于人类经济社会步入了品牌经济时代所致，品牌一词源于英语的"brand"，意味着对自己的产品"打上烙印"，以宣示自己对产品或商品的独特所有权。[2] 品牌在演化过程中，逐渐扩展了标识的含义，并深入到企业的文化、形象、竞争等内在要素中，成为企业重要的无形资产。品牌生态系统是一个由品牌与品牌产品、品牌拥有企业、供应商、竞争者、消费者、政府以及品牌生态环境——社会文化、政府政策、自

---

[1] 梁琦. 分工、集聚与增长 [M]. 北京：商务印书馆，2009：258.

[2] 张燚，张锐，刘进平. 品牌生态理论与管理方法研究 [M]. 北京：中国经济出版社，2013：151.

然环境等所构成的人工生态系统。这说明，品牌在经济和社会生活中被视为一个有机的生命体，可以将之视为一个产生、成长、发展和消亡的过程。品牌间性犹如生物群落，形成了一个相互交互、独立演化，且与外界进行不断的能量和资源交换的生态系统。这是品牌发展到今天所构成的社会生态系统的一个组成部分，品牌之间的关系甚至可以隐喻为生物体之间或人与人之间的关系，称之为品牌间性。

品牌由来已久，就经济活动而言，它是伴随着商品经济的产生而萌发的对物品的标志意识。当代意义上的品牌是 20 世纪 50 年代提出的，之后很多的经济和管理专业领域都将品牌纳入到研究范畴中来。早期的研究主要涉及个体品牌和品牌的一般特性，也就是品牌所具有的普遍的性质，从而形成品牌本性论，即"品牌是什么"的问题。

从品牌的本性而言，品牌是根据一群在企业组织、特定行业或产业、市场、网络或区域社会中有一定影响力的商品标识所共同拥有的特性而抽象出来的一个认知概念。这种标识不同于商品的其他特性——使用价值、商品本身的性状和价格等，但是，它在可视的基础上又包含了商品的这些因素，也就是可观察到的具体商品及其来源，如具体的个人、企业和产品。同时，品牌也与人的想象力发生直接的关联，甚至可以是想象的产物，它根植于人的偏好心理和自我身份认同。具体有形的人、企业和生产者与人的联想所塑造的商品形象共同构成了品牌的特征。与最早的品牌偏重于企业和商品的视觉化形象不同，现在的品牌研究涵盖了人的心理、社会学和人类学的诸多要素。对此，Shocker（1994）指出，品牌研究已经吸引了许多不同学科领域的学者的关注，包括心理学、社会学、人类学、生态学、管理学和经济学等。

对品牌内涵的研究比较复杂，从纵向的角度对之进行研究，也就是品牌的发展阶段表述，从品牌产生、发展、进化以致衰落的过程表述品牌的内涵及特征。这就是将品牌作为复合化的人和物来表达，亦即，品牌是人和物的统一体，它不仅是商品的视觉区别标志，也与人的消费偏好、自我认同和倾向性选择有密切关联。由此形成了品牌内涵发展的横向协作视角，Philip Kotler（1997）《营销管理》一书中的金字塔模型指出了品牌能够传达的六层含义：属性、利益、价值、文化、个性和使用者。六者并非完全并列的关系，而是具有一定的层次性，类似于马斯洛的需求层次理论，这里可以称之为品牌的需求层次理论。❶

品牌内涵的层次模型如图4－2所示。

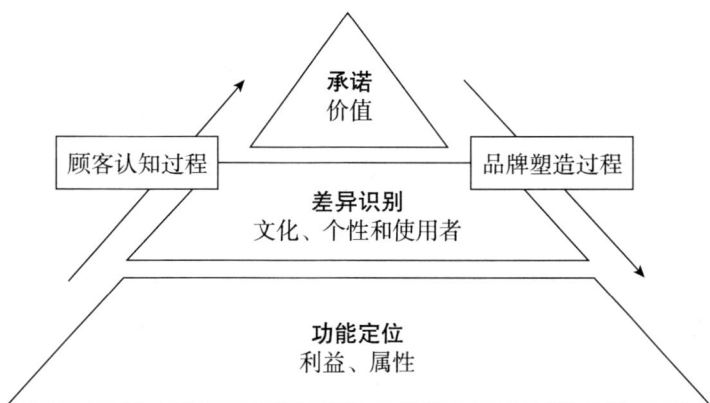

图4－2　品牌内涵的层次模型

（资料来源：Davis&Dunn，2002）

可见，品牌发展到今天，早已经超出了产品"区别"的功能范畴。品牌已经具备了包括识别在内的质量承诺保证、广告导购、心理效应、无形资产、竞争获利、价值链延伸等多种功能❷，我国 20 世纪 90 年代以来企业运营的突出表现就是由资本、市场和品牌三位一体的运营模式逐步向品牌集中。传统的对品牌的单一性认知的缺陷逐步展现，表现为：其一，品牌并非企业单个的要素，而是根植于企业的商业生态系统之中，现实中往往缺乏系统研究；其二，品牌虽为企业商品的标识、形象和无形资产，但却没有将之在企业发展的模式及与其他品牌的关系中展开考察；其三，品牌本质上也是一种经济组织、社会组织和生命组织的三位一体复杂结构系统。这三者的并行研究较为缺乏，本书在产业集聚视角下探讨集聚对品牌的影响就是从三者并行的角度来分析产业集聚与品牌生态的关系及这一关系对品牌建

---

❶ 菲利普·科特勒. 王永贵，等，译. 营销管理［M］. 上海：格致出版社，2012：19.

❷ 戴维·阿克. 品牌领导［M］. 北京：机械工业出版社，2015：133.

设和品牌发展的影响。

（二）品牌生态系统与空间区位

品牌生态系统是品牌在其生命周期演化过程中，与周围的其他品牌、政治、社会、经济、文化、技术、自然资源、人口等因素所形成的有机而复杂的系统，而且是一个相互交换能量、不断整合资源并且共同进化的商业生态系统。

品牌由个体特性走向生态学，有着学科交融的宏观背景，客观世界的系统性及其系统的复杂性促使科学融合的趋向正在兴起。品牌生态系统理论便是生态学和品牌理论结合的产物。从品牌生态的定义也可以看出，品牌及其构成环境形成了一个典型的生态系统，表现为彼此之间存在着能量交换、品牌的生物隐喻数量以及品牌在资源空间分布中所占的生态位等。❶以下简要论述品牌生态系统的空间区位特征。

1. 资源和能量流动的特征

在任何一个生物生态系统中，资源和能量都是不断流动的，由此才可以保持系统的循环和开放而不至于彻底封闭，这是一个自组织的生态系统存在的首要特征。品牌自身也必须在能力和资源流动中获得自身的发展和壮大，如物流、信息流和资金流等。

2. 资源要素的空间网络格局特征

产业集聚是企业群发展的趋势，尤其是对于依赖地理区位优势的乳品产业而言更是如此，空间集聚必然会形成生态系统内部的网络关系和结构。品牌生态便是一个由各种复杂的资源网络、管理网络、文化网络而构成的空间格局。在中国乳都呼和浩特市，坐落着中国乳业的两个巨头，蒙牛和伊利两家企业，双方都在自己的奶源、市场优势区域等方面营造适合自身发展的资源要素匹配和空间布局。从产业布局来看，二者都将呼和浩特及所涉的空间范畴视作自己的优势资源，因此，在某种程度上，二者

---

❶ 钱言. 基于生态位理论的企业间关系优化研究［D］. 上海：同济大学，2007.

资源配置方面难免会有重叠或冲突的可能。

3. 空间格局的秩序或次序性特征

空间要素的存在，不能是无序的状态，否则就无法实现要素的合理流动与配置，例如在生物生态系统中，食物链表明了生物的秩序。同时也有次序结构表现，这体现为生态系统中的生态位，如果一个生物或者说品牌占据了生态系统中较为有利的生态位置，它就能够获取更多的资源和能量，获得更大的发展。

二、产业集聚空间与品牌生态系统结构性关系

我国乳品产业集聚是空间区位上的集中，表现为很多企业和品牌集中在同一个地理资源区域、文化环境和经济政治环境之中，构成了相应的生态系统。因而，产业集聚空间结构与品牌生态有着一定的结构性对应关系。

（一）品牌生态系统的空间结构和特征

品牌生态系统的本质可以理解为在特定的空间区域内，基于品牌内部和品牌之间的关系，这种关系表现为对空间位置的占有、资源的分配以及与环境的相互作用所形成的互动模式。

1. 品牌生态系统的空间结构

品牌生态系统依托自然生态系统隐喻，可以分为两大组成部分，即品牌部分和非品牌部分，二者有机地融合在一起，形成有序的空间结构和布局。品牌部分包含以下几个子部分：品牌个体、品牌种群、品牌群落，品牌生态因子，由此构成品牌生态系统。非品牌部分可以分为四个大的子部分：经济环境、政治环境、自然环境和社会文化环境。如图4-3所示。

鉴于我们研究的乳品产业集聚主要涉及乳业产业品牌，与产业集群并不一致，所以只论述同一产业品牌生态的空间结构。

2. 品牌生态系统的特征

（1）品牌生态系统的个体性特征

以单个品牌为主导，以品牌价值创造为核心，依托于品牌价值链管理

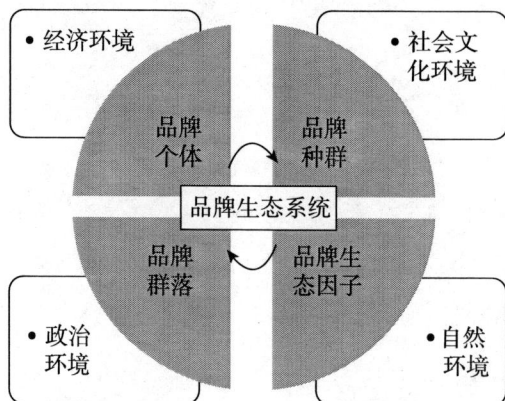

图 4 - 3 品牌生态系统的空间结构

为运营模式，包含了品牌企业、资源供应商、商业链条、零售商和消费者系统等，共同构成了品牌生态环境，其中与之交互的还有政府、文化和地理区位等。这种同一产业集聚会造成同类品牌的集聚，从而引发竞争，导致生态环境的无序状态，这是需要力图避免的。

（2）品牌生态系统的群体性特征

品牌生态系统的群体性特征主要是指特定空间内同类品牌个体的集合。正如我们上述对乳品产业集聚要素的分析，特定区域簇拥了独特的产业集聚，形成了同一品牌的集聚。在产业价值链上，不同品牌占据的市场位置不同，利用资源中的雷同要素，对商业生产和市场消费空间加以分割、占领，构建出分工、竞争、协作发展的品牌种群生态系统。

品牌种群生态系统通常由品牌种群密度和品牌生态位来描述，它们表明了空间集聚下的资源利用紧张程度和单个企业品牌的生态环境位置以及对品牌生存要素的争夺。产业空间集聚对品牌生态建构有着直接的影响，后者反过来也影响着前者，二者是交互的关系。

（二）产业集聚与品牌生态的结构性关系

产业集聚的要素类型可以分为自然资源环境、社会文化环境、政策环境和人口经济环境，这些要素与企业的品牌发生直接的交互性关系，形成彼此之间存在的结构形态。那么，上述要素与品牌之间的关系是什么？二者有哪些方面可以产生结构性对应？关于结构的问题，瑞士学者 Jean William Fritz Piaget 在谈到结构时指出其三个特性：整体性、转换性和自身调整性。❶ 产业空间集聚和品牌生态系统之间所形成的关系，具有结构主义的特性。也就是是说，产业空间集聚实际上是个结构化的过程，产业必须对一定区域位置的各种要素加以整合并从整体上进行把握，品牌在其中不是作为一个子要素，而是二者相互结合的宏观部分并与产业集聚共同发展。

在当前的经济发展以品牌为主导的经济模式和价值链之下，在相关要素基本相同的情况下，对生态位的争夺实质上是集聚企业之间竞争的直接表现，也就是说，品牌生态系统之中的品牌要素与产业集聚的因素具有叠加效应，同样包含这四大要素，即自然资源环境、社会文化环境、政策环境和人口经济环境，品牌种群生态系统的发展态势与集聚产业的发展规模密切相关。

例如，品牌种群密度所反映的一定区域内的品牌数量是产业集聚规模的直接指标，它的数量变动可以直接反映品牌的出生率、死亡率、外来品牌进入率和迁出率等。由此可以看出，当地资源环境、人文环境、政策环境以及消费状况的变化，等等。品牌生态位可以直接表明产业集聚的要素配置状态、市场占有率以及消费者对特定品牌的偏好程度等，也反映了产业集聚中不同企业产品的差异化程度。❷

三、产业集聚对乳业品牌生态系统的影响分析

由于产业空间集聚与品牌生态系统要素有着结构性的关系，因而，产业集聚会对品牌生态系统产生直接的影响。二者发生的时间关系表现在产业集聚在先，然后形成了品牌之间的集聚，并塑造新的地理和市场区位下的生态系统。结合前述的品牌生态系统的两种空间状态，即品牌个体生态

---

❶ 让·威廉·弗里兹·皮亚杰. 倪连生，译. 结构主义 [M]. 北京：商务印书馆，2010：3.

❷ 朱希伟. 理性的空间：集聚、分割与协调 [M]. 杭州：浙江大学出版社，2012：134.

系统和品牌种群生态系统，产业集聚对品牌生态系统的影响主要表现在两个层面：首先是产业集聚对品牌个体生态系统的影响；其次是产业集聚对品牌种群生态系统的影响。在现实的经济活动和市场价值链中，这二者的区别并非泾渭分明，为了便于论述，我们仍以要素为因子对其加以分析。

（一）产业集聚对品牌个体生态系统的影响

乳业产业集聚对品牌个体生态系统的影响可以采用复杂适应系统（CAS）来进行较为全面的分析。CAS（Complex Adaptive System）理论是Holland 于 20 世纪 90 年代提出的，他认为复杂系统对环境的适应性是复杂形态动态平衡的重要原因。在品牌个体生态系统中，可以将品牌视为根据各自行业规则或者模式相互作用的行为主体，这些主体能够彼此认知、模仿和学习，并根据其他个体的行为来调整自己的行动。[1] 乳品产业集聚对品牌个体生态的影响有以下几个方面。

1. 造成了品牌个体的聚集

乳业品牌通过黏附企业集聚共同体，以及其所形成的空间网络结构，在乳品产业集聚空间内像一个单独的个体那样存在，但是必然会与其他品牌发生关联，从而引发彼此之间的信息交互和协同进化。例如，蒙牛和伊利等乳业产业在呼和浩特集聚，其品牌要素就发生了相互关联。这个交互过程的结果就形成了品牌种群。

2. 非线性的适应影响

在忽略品牌竞争的理想的市场条件下，品牌的发展几乎是线性发展轨迹。但是在产业集聚条件下，品牌赖以生存的不仅是市场，而且有资源、文化和政策等，它们必须在系统中相互适应、相互作用，也相互包含。品牌个体所面对的不仅是消费者的心理喜好和市场价值链问题，也必须考虑与其他品牌的关系，以及各种要素之间的复杂的非线性交互。不同乳业品牌不能仅仅以市场为出发点，而需根据同类品牌的行为来调整自身的发展策略。

---

[1] 王兴元. 品牌生态系统结构及其适应复杂性探讨 [J]. 科技进步与对策, 2006 (2): 85 – 86.

3. 多样性的标识

在乳业品牌相互适应的过程中，它们之间的交互影响及差别会逐步扩大，如伊利开发的酸奶制品可能与蒙牛的越来越不同。这既表现为个体之间存在的差异，也表明主体的类型的多样化。品牌在产业集聚空间中不能只是模糊的分隔，而必然要有较为明确的边界，品牌个体为了相互识别和协调，都需要有自己的内部流通模型和组合状态。也就是说，一方面品牌进化有其内在的必然趋势；另一方面，品牌自身获取资源的模式也日趋复杂。这种标识功能与能量交流效率决定了品牌个体的发展程度。

4. 品牌之间的竞争与合作

品牌个体要在产业集聚空间中生存、发展和壮大，在市场价值链和要素中获得必要的生存资源，就必然引发品牌个体之间的竞争，同时为了保持产业集聚空间的相对稳定，也存在必要的合作。这就表现为品牌生态位的占有和争夺、品牌的特化和泛化、品牌生态位的宽度和广度的延展等。

（二）产业集聚对品牌种群生态系统的影响

品牌种群反映了品牌之间的相互关系，如果将品牌作为一个整体生态系统，它在一定程度上可以与产业集聚等同。产业集聚对品牌种群生态系统的影响表现为要素影响和功能影响两个方面。

1. 要素影响

政府对品牌生态系统建构有着直接影响。例如，政府的产业园区规划、专业市场建设、公共服务的提供、各项优惠政策的实施等。产业集聚区政府职能的转变对品牌生态要素的配置与合理化流动也有着基础作用。资源环境在产业集聚空间中发挥着更大的区位优势，能够进行集约型生产，并节约流通成本，减少市场价值链的中间环节，对于品牌种群生态系统的培育有重要的推动作用。乳品产业集聚区域的文化要素也是品牌种群生态系统优化的助推剂，蒙牛、伊利等乳品企业在内蒙古集聚，内蒙古源远流长的乳文化对于其他地方的消费者接受奶制品起到了很好的说服力作用。

2. 功能影响

我国乳品产业空间集聚对品牌种群生态系统产生的影响包括资源禀赋、政府扶持以及产业已有生产能力等因素，这使得产业空间集聚存在空间依赖性的同时，也有着空间溢出效应。很大程度上表现为产业集聚对品牌种群生态的影响。我国乳业产业集聚伴随着全球经济一体化的纵深发展过程，产业经济发展趋势逐步向品牌经济形态转换，市场竞争的表现方式，或者说消费者选择的首要标准，是品牌的竞争力的差异。产业集聚作为传统单个企业和宏观市场中间形态的新空间经济组织形态，因其资源和要素的集聚性、地域文化的相近性、品牌的交互性等特性，成为促使集聚企业品牌优势提升、品牌相互竞争促进和区域化乃至国际化品牌塑造的新载体。

第五章 我国乳品产业空间集聚的品牌
生态系统演化及风险

产业空间集聚造成了品牌之间的集聚，从而构成品牌生态系统。我国乳品产业集聚同样会导致乳业品牌的集聚，形成乳业品牌生态系统。在乳品产业空间集聚过程中，每个乳业品牌也都在适应市场变化和竞争环境的过程中不断演进。在这个进程中，乳业品牌作为一种特殊的生命体，构成特有的品牌生态系统结构，并与其生态环境相互作用，呈现出一种进化的态势。在乳业品牌集聚的竞争中，表现出了乳业品牌的空间结构化特征，品牌只有不断演化才能强化有意义的差异化特征。

在演进过程中，品牌生态系统也面临着风险，既包括外部风险，也有内部风险。例如，品牌演进的同质化现象、恶性竞争、适应环境能力的弱化、技术更新慢等情形和状态，都会影响到乳业品牌及其生态系统的有序发展和协同进化，进而会对整个乳业产业造成消极影响。因而，本章主要从乳业品牌生态系统演化及风险控制方面对如何增强品牌管理进行简要的分析。

第一节 乳品产业集聚品牌生态系统演化及结构

有关乳业品牌的发展和演进，很多学者从产业发展周期理论角度进行分析。但研究多偏重于采用个体品牌和品牌战略的思路，缺乏从品牌生态系统的角度对乳业进行深入的研究。在目前乳品产业不断集聚的大背景下，全国性品牌与区域性品牌并存，品牌市场的集中度不断加大。资料显示，1998 年以来，我国乳品产业集中度加剧，内蒙古的伊利和蒙牛、沈阳的辉山、黑龙江的完达山、陕西的银桥等乳品企业不断崛起，并逐步向资源要素和政策环境好的空间集聚。同时，我国的乳业品牌也面临着跨国公司和进口产品品牌的挑战，乳品企业的产业结构和品牌构成也在不断调整之中。

乳业品牌意识不断增强，产业集聚和国际竞争不断发展，这与政府的引导不无关系，同时也是由于市场的激烈竞争所致。通过乳业发展的历程我们可以看到，能够不断做大做强的，都是在发展自己的品牌和品牌结构中具有优势的乳品企业。从当前的情况来看，资源和技术只是乳业发展的基础，即便在这些层面占据了区位优势，如果没有强势的品牌，也无法在市场竞争中占据有利地位。因而，实施品牌战略已经成为业内共识。但从乳业品牌生态的角度来深入探讨品牌战略问题，还处在一个方兴未艾的时期。

一、产业集群品牌生态系统的演化路径

品牌在产业集聚模式下，已经不仅仅关系到技术和标识的问题，品牌的培育与增强必需纳入到具体的产业内部和外部环境。在区域产业集聚品牌的产生和发展进程中，由于产业集聚随着市场、政策和环境的嬗变，品牌生态系统也在不断地进行自我调适之中，这个调适的过程可以说是品牌生态系统的演化过程。品牌生态系统的演化同时依赖于技术战略和产业组织关系，集聚网络化是集群品牌生态系统演化的物质和能量基础。在集群品牌生态系统演化的过程中，产业集聚内的企业网络关系日益密切，形成产业战略一体化的格局，并促使集聚产业的创新适应能力和市场竞争的能力不断增强。[1]

由上述可知，我国乳品产业集聚品牌的培育和增强不是一个孤立的过程，而是乳品产业内企业内部组织和企业间组织相互协调与合作的过程。因而，产业集聚模式与集聚品牌生态系统的演化密切联系在一起。产业集聚与集聚品牌及生态系统的耦合演进模式如图 5-1 所示。

---

[1] 黄忠喜. 产业集群的品牌生态研究 [J]. 中山大学学报，2006（5）：46.

产业分散阶段		产业品牌集聚		主导企业品牌
•区域内无品牌或单一品牌		•品牌散聚或无序状态		•产业集聚品牌生态系统有序运作

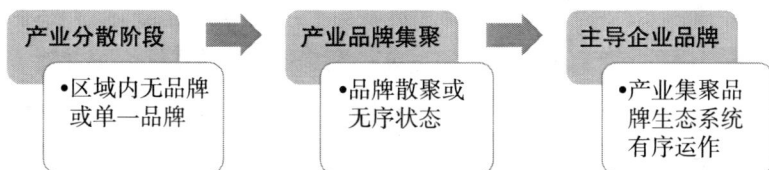

图 5 - 1　产业集聚与集聚品牌及生态系统耦合演进

1. 产业集聚初始阶段的品牌关系

据图 5 - 1 可知，品牌生态系统的演进与产业集聚企业组织的发展有着相互的关联，初始阶段的集聚所面对的是没有竞争的单一品牌结构或者说无品牌的状态。在产业集聚初期，品牌生态系统处于早期发育阶段，或者说是原始的自发形成关系阶段。这一时期的集聚企业主要还处在相互磨合适应、争夺市场和资源的竞争状态，还谈不到品牌生态系统和企业组织之间的耦合。在这个阶段，集聚企业之间还没有形成与市场和政策适应的竞争与合作关系，产业集聚内的企业在生产领域处于模仿和学习的阶段。例如蒙牛与伊利两家企业的总部基地同处在呼和浩特市，二者在发展历程、经济类型、产品结构、运营模式等方面都有所差异，但在引进技术、产品研发、产品类型、产品市场推广方面却较为趋同。尤其是在产品战略方面，蒙牛有高端奶品牌特仑苏，伊利有金典；乳饮料方面蒙牛有酸酸乳，伊利也有类似乳酸饮料的优酸乳；在低温酸奶方面也是如此，蒙牛有冠益乳品牌，伊利也推出了畅优系列。近几年，常温酸奶市场升温，光明乳业率先在国内市场推出莫斯利安品牌产品，蒙牛、伊利相继推出了同类品牌产品纯甄和安慕希。上述企业在市场推出类似品类的产品，是对对标市场、细分市场品牌生态位占领的品牌策略的具体体现，对不断丰富产品市场结构，使消费者有更多产品品牌选择余地方面起到了积极的作用。但是有些厂商在市场营销过程中推出包装与"大白兔"奶糖极其相似的"大白兔"奶糖，与"沙宣"洗发产品足以混淆的"沙宣"产品。在乳业市场上也不乏你冠以"黄金牧场"，我就叫"白金牧场"的牛奶产品，在这些年牛奶打假过程中也见过类似打着"特仑苏""特侖苏"字样的牛奶产品，其包装与被仿品牌有着高度的雷同。之所以出现这种情况，其根本的原因在于从单一市场到多元市场的转换过程中，企业不能很好地调整自身的素质，企业之间也缺乏信任，品牌营销的主要目的是为了降低生产成本、并极力扩大市场占有份额。企业在初始阶段的研发和技术创新投入不足，相互之间模仿与"搭便车"的行为较多，难以形成差异化的竞争态势和市场分割。

从整个产业集聚的初始阶段来看，品牌没有完全提升到企业竞争的主要地位，更不用提集聚企业品牌之间的生态系统建构了。这一阶段的主要特征有如下几点：第一，企业品牌从无竞争状态向规模竞争态势转变；第二，集聚企业未将品牌提到战略高度；第三，企业之间处在管理模式雷同阶段，包括产品和战略等方面的雷同；第四，企业之间缺乏有效的协调和沟通机制，且彼此缺乏信任与合作。

2. 集聚企业与品牌生态初建阶段

在这个阶段，随着产业集聚的不断发展，企业集聚的产品特色开始表现出来，并呈现出差异化发展的趋势，这与品牌的数量和空间分布状态密切相关。企业集聚导致在同样资源禀赋和政策环境下的生产技术、创新开发和产品推广的分野，逐渐发展出品牌意识和品牌之间的交互关系，形成了品牌生态系统的雏形。与此同时，产业集聚空间中也有一些企业实力较为强大，在产品创新、资源利用和争取政府支持方面投入加大，并根据市场需求调整营销策略，逐渐成为集聚企业中的竞争优势企业。❶

品牌生态建设对于企业竞争和市场占有都有重要意义。品牌生态建设有利于提升所有集聚企业的竞争力，具体表现为：首先，品牌生态建设有利于企业集聚组织规模的扩大和整体竞争力的增强；其次，品牌集聚造成了集聚品牌之间的竞争，直接引发对生态位的争夺。产业集聚企业和品牌集聚之间更多的是一种纵向竞争关系，但单纯竞争对整个产业集聚存在不利影响；最后，企业品牌通过合作或差异化战略，比如蒙牛和伊利开发不同市场定位的产品品牌，其他中小企业面对利基市场也开发出相应的产品

---

❶ 郑佳. 基于品牌群落演化的产业集群可持续发展理论模型研究［M］. 杭州：浙江大学出版社，2013：43.

品牌，则可以实现对产业集聚的推动。品牌集聚能够促进企业之间的信任、营造品牌之间的良性竞争、降低交易风险、拓宽价值链和增加顾客满意度。

3. 优势品牌和品牌生态系统

产业集聚过程中随着企业规模的扩大，有些企业在市场竞争中不断发展起来，企业集聚的模式也在进一步演变，甚至有可能出现一个或几个龙头企业与众多中小企业并存的状况。产业内部的分工也因此有了变化，或者出现同类产品的代加工和原材料的供应。❶ 这时候的品牌在市场竞争中占据了主导地位，甚至资源环境、政策制定、企业文化和消费者偏好都向优势品牌进行集中。品牌生态系统也随之进入较为成熟和有序的态势，同质的产品面临着激烈的生态位争夺，互补的品牌对市场进一步细化和分割，产业集聚也造成了同一类型企业的中上游业态的日趋分散化和下游业态的集中化。❷

在合作与竞争中，品牌之间逐步形成了较为稳定的互补和协调创新等共栖生态模式，从内部可以不断提高集群企业的生产和创新能力，对外部可以提高整体产业的竞争力，从而有利于产业集聚品牌的传播和品牌文化的渗透。例如，有的中小乳品企业不具备品牌建设和宣传的实力和能力，品牌集聚生态系统的存在，使得众多企业可以受到带动效应的影响，其品牌运行成本可以大幅度降低，并可提高乳业品牌的整体资产价值，提升品牌集聚生态系统以外品牌的竞争力。

二、乳业品牌的种群生态

生态学隐喻视角下的品牌种群生态与生物学的生态有着比拟的特征。在生物学中，所谓种群，是指在特定空间中属于同一个物种的诸多个体的共生集合体。通过历时态的生物学演进观察，在生物种群中存在着进化现

---

❶ 臧新. 产业集聚的行业特性研究——基于中国行业的实证分析［M］. 北京：经济科学出版社，2011：81.

❷ 王兴元. 名牌生态系统分析理论及管理策略研究［M］. 北京：经济科学出版社，2007：156.

象，表现为同一物种的多样化、异质性和种群分离等特点。在这个动态和静态并存的过程中，种群在有限的空间和资源内维持着生态的平衡和持续发展。空间集聚的品牌生态环境也类似，产业集聚必然导致对环境有利生态位的争夺和资源的获取，产业的分工也日益明显，集聚中的企业，尤其是具有技术和创新优势的企业愈来愈专注某一更具有优势的竞争环节，由于在不同生态位和价值链条上的演化，品牌会逐渐呈现出差异化和个性化的趋势。这导致了两个方面的特点，首先是品牌生态日益多样化，其次是品牌生态培育出有较强优势的强势品牌。这些特点可以通过以下数量关系加以阐释。

（一）品牌生态的数量特征

1. 品牌的相对多度

在品牌种群生态中，要想获得较多的资源占有和竞争优势，在价值产业链中占据主导地位，品牌的差异化和数量是很重要的指标。例如，在我国乳业产业集聚中，强势品牌蒙牛、伊利等具有多样化的品牌特点，各种适合不同年龄阶段的、多口味和不同品牌诉求的奶制品，都表明了品牌多样化的重要性。

品牌相对多度的计算公式如下，

$$D_i = \frac{N_i}{N} \tag{5-1}$$

在公式（5-1）中，D_i 表示在品牌生态系统中第 i 品牌种群的相对多度，N_i 是第 i 品牌的品牌数量，N 为品牌生态系统中的品牌数量之和。如果 D_i 指数较高，则说明品牌生态系统中的第 i 种品牌有较大的相对多度，具体可以表现为品牌种类较多，市场适应能力也较强。这也就是我们以下将要论述的品牌的泛化问题。按照第四章的空间计量分析结果，内蒙古是乳品产业集聚度最高的区域之一，我们可以根据公式（5-1）计算不同的乳品企业及其品牌在内蒙古产业集聚空间中的品牌相对多度。内蒙古乳品企业品牌相对多度如表5-1所示。

表 5 - 1　内蒙古乳品企业品牌相对多度

品牌类型 企业品牌	液体奶	酸奶	冰淇淋	乳粉	其他 乳制品	合计 （个）	品牌 相对多度
蒙牛	10	10	20	10	5	55	0.357
伊利	9	10	18	13	6	56	0.363
光明乳业	—	—	—	5	—	5	0.032
三元	—	—	—	6	—	6	0.038
雪原	5	6	—	—	—	11	0.071
骑士	5	6	—	4	—	15	0.097
雀巢	—	—	—	6	—	6	0.038
合计	29	32	38	44	11	154	0.996

备注："—"表示没有数据统计。

资料来源：根据中国奶业年鉴 2014 资料整理。

2. 品牌种群生态的品牌密度

品牌密度可以直观的表示集聚产业的品牌发育程度和同类企业的竞争程度。不过，这个指标是较为宽泛的，不能深入的说明品牌之间的关系，更多的是数量上的表示。

计算公式如下，

$$R = \frac{n}{N} \qquad (5-2)$$

公式（5-2）中 R 表示品牌种群生态中的品牌密度，如果同类企业或单个企业的品牌差异度越高，则市场竞争下的品牌密度也就越高。n 表示品牌种群生态内的品牌数量，N 则是指产业集聚中的企业数量。如果对指标加以细分，品牌种群生态中的品牌可以分为内部品牌和外部品牌，亦即产业集聚中有本地或本土品牌，也有外地或国外品牌入驻。在实际生产和市场场景中，本土品牌和外来品牌应保持一定的比例，如果本土品牌数比例较低，则说明本土品牌的竞争力和市场价值链都处于弱势；反之则表明当地的环境和政策等因素不利于外来品牌发展。为了培育良好的品牌生态环境和市场环境，内、外部品牌数量失衡的情况是品牌种群生态系统演化过程中所力图避免的。

3. 品牌种群生态中的品牌集中度

产业集聚直接导致品牌的集中，由此也必须对品牌集中度加以标识。品牌集中度主要通过市场份额加以计算并判断，这既可以表示品牌的市场价值链，也可以分析产业集聚的发展程度。

计算公式如下，

$$CR_n = \sum_{i=1}^{n} s_i \qquad (5-3)$$

公式（5-3）中，CR_n 表示了品牌种群内 n 个较为优势的品牌的市场份额之和，其市场份额可以以全国或区域数据计算，不过一般只按照产业集聚空间区域的市场份额进行计算。S_i 表示 i 个品牌在产业集聚空间区域的市场份额。众所周知，产业集聚区域的市场价值链上的利润分配也并不均衡，否则就缺乏效率了。由于品牌是企业的重要无形资产，其在价值链中的价值占据主要地位。强势品牌对于消费者来说有着心理偏好性，在同一市场范围内形成了消费忠诚度，这样在竞争中可以提高企业进入壁垒，而强势品牌企业在市场中占据的份额则较大。由此可以带动产业集聚中品牌的资源整合能力，有利于增强品牌种群和集聚产业的整体竞争力。

（二）品牌生态和产业集聚成长路径

由于乳业产业集聚发生的模式不同，其动力机制也存在着相应的差别，也就是品牌生态演化和成长的路径不尽一致。❶ 我们从以上几个指标来分析品牌生态系统，就可以看出产业集聚对品牌生态系统产生的直接影响。如以湖北为参考对象，其空间区域内本土乳品企业数量不多，也没有较为强势的乳业品牌，那么这种产业集聚更多的属于扩张型的集聚，其品牌生态系统演进的动力更多是来自外来的竞争压力。

对于内蒙古呼和浩特而言，其自古就有源远流长的乳文化，拥有强势品牌的本土的乳业企业，这种产业集聚就是内生性的集聚，即便有外来品牌共

---

❶ 杨保军. 品牌进化的动力机制与模型分析［J］. 河南科技大学学报，2010（4）：75-76.

同构成品牌生态系统，由于历史沿革、政策匹配和自然资源等优势，本土品牌也会在品牌生态系统中占据有利地位，此时的品牌生态系统演化动力更多是内在的缓慢生长。从品牌生态系统的演化阶段来看，上述扩张型、内在型两种集聚类型的品牌演化进路基本相似，即产业集聚初始阶段—品牌无序共存阶段—品牌种群生态系统协调共生阶段—品牌生态和产业集聚饱和阶段。这个过程中自然面临着诸多的竞争、淘汰和新生，但种群生态系统中的品牌数量、品牌密度和品牌集中度大致保持在一定的水平。❶

第二节 乳品产业集聚品牌生态系统要素及功能

在乳品产业集聚品牌生态系统中，乳业诸多品牌个体及其所构成的品牌种群与周围的生态环境系统始终处于相互作用的能量交换、资源流动、竞争合作的进程之中。这也就是意味着品牌群落在各种资源、能量、信息和要素的交互和转化中处在一个有序而协同进化的态势之中。依托于自然生态系统的隐喻，品牌生态系统也有类似的要素结构和功能特征。❷ 也就是说，在品牌生态系统中，也有着一个或几个占据主要生态位的强势企业品牌或知名品牌，由品牌和品牌产品、品牌企业、消费者偏好、文化传统、政策及经济环境、相关企业品牌、资本市场和技术创新等所构成的人工生态系统或生态圈。品牌生态系统的要素在其中得以组合、配置和流动。品牌生态系统的边界是对要素的界定，包括品牌顾客、品牌供应链、市场利益链和资源价值链等。

如上所述，从生态学的视角来看，品牌生态系统要素主要包括以下四个方面：经济市场要素、社会文化要素、政策要素和区位环境要素。同时，品牌生态系统的功能也是通过对这四个要素的合理化配置、有序的流通、顺畅的转化而实现的。品牌生态系统通过要素功能的有机的建构和流通，实现对乳品产业集群企业不断发展壮大的有力推动，并保持良好的市场环境和竞争

❶ 王念. 基于生态学原理的品牌生态系统管理探讨 [J]. 商业时代，2010（21）：37.

❷ 赵红、王焱、谢琳灿. 生态智慧型企业成长与品牌重叠测评仿生研究 [M]. 北京：知识产权出版社，2012：99.

力。如表 5 - 2 所示，我国 2009—2013 年奶业基本情况，包括我国奶畜养殖、乳品加工和乳品消费等数据，这些数据可以部分地反映出以上四个要素对乳业品牌生态的影响。

表 5 - 2　2009—2013 年我国奶畜养殖和乳品加工、乳品消费数据

项目	单位	2009 年	2010 年	2011 年	2012 年	2013 年
奶畜养殖						
奶牛养殖业产值	亿元	1065.0	1120.00	1219.00	1335.20	—
奶牛存栏数	万头	1260.33	1420.10	1440.20	1493.90	1440*
奶类总产量	万吨	3734.63	3748.00	3810.70	3875.40	3650*
其中：牛奶产量	万吨	3518.88	3575.60	3657.80	3743.60	3531
成乳牛年单产	千克	4800	5200	5400	5500	5500*
人均奶类占有量	千克/人	28.05	27.99	28.28	28.57	—
乳品加工						
液态奶产量	万吨	1641.65	1845.80	2060.80	2146.50	2335.97
干乳制品产量	万吨	293.47	313.80	326.70	398.60	362.06
企业总数	个	803	784	644	649	658
亏损企业数	个	160	147	104	114	91
产品销售收入	亿元	1599.67	1882.00	2294.17	2469.93	2831.59
利润总额	亿元	104.56	176.99	148.93	159.55	180.11
资产总额	亿元	1154.02	1383.55	1543.15	1744.14	2056.90
乳品消费						
城镇家庭居民	元/人	196.14	198.47	234.01	253.57	—
农村家庭居民	千克/人	3.60	3.55	5.16	—	—
36 个大中城市居民年消费额	元/人	270.10	277.18	318.68	347.49	—
36 个大中城市居民年消费量	千克/人	28.61	27.03	27.09	26.79	—
年鲜奶购买量	千克/人	19.76	18.68	17.97	18.13	—
年酸奶购买量	千克/人	5.00	4.85	4.78	4.53	—
年奶粉购买量	千克/人	0.55	0.50	0.62	0.59	—

备注："—"表示数据未公布，"*"表示预计数。

数据来源：国家统计局、海关总署、农业部。

一、乳业品牌生态系统要素

如上所述，乳业品牌生态系统的要素主要包含四个方面：经济市场要素、社会文化要素、政府政策要素和区位环境要素。其相互结构如图 5 - 2 所示。

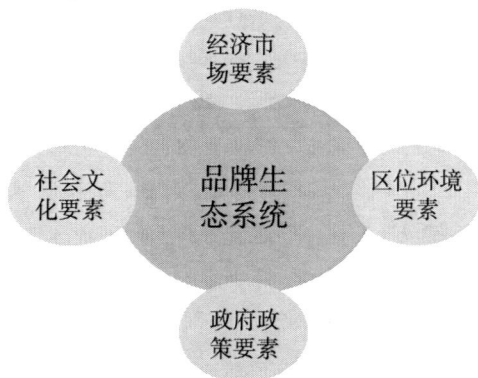

图 5 - 2 品牌生态系统要素结构图

在品牌生态系统实际的演进过程中，这四个要素又可以分为诸多子要素，它们作为基本要素的毛细血管的功能，连通着不同要素之间的流动与交互。

（一）经济市场要素

在乳品产业集聚的特定的空间区域中，企业要获得生存必须要充分利用特定区位的市场价值链和经济产业构成，否则，品牌的生态系统就会缺乏内在的造血功能。经济市场要素可以分为若干子要素：消费市场子要素、资金市场子要素、物资市场子要素、劳动力市场子要素、产业结构和技术创新子要素等。

通常情况下，乳业集聚的区域，其消费市场一般比较发达，以内蒙古为例，2010—2012 年，奶类人均占有量分别为 383.63 千克、375.32 千克、373.78 千克，这与饮食文化和乳文化有一定关系，文化要素的作用较为凸显。资金和金融子要素也很重要，成为企业继续发展壮大、品牌价值资产功能不断延伸的重要内生性力量，品牌不断演进的驱动力。物资市场子要素也极为重要，它是品牌生态系统不断成长的营养来源，例如物流、品牌包装、设计和评估等，品牌离开这些要素就缺失了与公众建立某种良好关系的有形基础。2009—2012 年全国及各省份城镇居民人均乳制品消费支出占食品消费支出的比重如表 5 - 3 所示。

表 5 - 3　2009—2012 年全国及各省份城镇居民乳制品消费支出占食品消费支出比重

（％）

全国及各省份	2009 年	2010 年	2011 年	2012 年
全国	4.38	4.13	4.25	4.20
北京	5.76	5.80	5.57	5.59
天津	3.81	3.97	3.79	4.43
河北	5.12	4.44	4.56	4.84
山西	6.86	5.28	5.65	5.44
内蒙古	4.65	4.12	4.14	4.34
辽宁	4.67	4.04	4.07	4.20
吉林	4.02	2.92	3.33	3.44
黑龙江	3.98	3.62	3.48	3.83
上海	4.92	5.28	5.20	5.12
江苏	4.54	4.46	4.61	4.56
浙江	3.69	3.59	3.88	3.76
安徽	5.65	5.53	5.82	5.57
福建	3.61	3.51	3.90	3.61
江西	4.66	4.08	4.40	4.29
山东	5.51	5.36	5.21	5.07
河南	4.53	4.76	4.92	4.65
湖北	3.59	3.31	3.83	3.74
湖南	3.15	2.97	3.18	2.71
广东	3.54	3.13	3.06	2.98

全国及各省份	2009 年	2010 年	2011 年	2012 年
广西	3.52	3.49	3.53	3.41
海南	3.20	3.28	2.42	2.21
重庆	4.68	4.68	4.59	4.62
四川	4.82	4.25	4.29	4.45
贵州	3.55	3.86	3.44	3.40
云南	1.88	1.95	3.90	3.95
西藏	6.18	6.41	7.92	7.22
陕西	5.58	5.11	5.09	4.92
甘肃	4.45	4.54	4.78	4.81
青海	4.94	4.95	4.55	4.39
宁夏	5.22	4.69	4.87	5.10
新疆	4.48	4.45	4.36	4.52

数据来源：国家统计局。

2012 年，我国城镇居民乳制品消费支出占食品消费支出比重中，全国的平均比重为 4.20%，受地区经济市场要素影响，北京、上海两地的比重较高，分别为 5.59% 和 5.12%，其中西藏、山西、安徽、山东的乳制品消费支出占食品消费支出比重也较高，分析其原因，除了与经济市场要素有一定关联度外，区位环境要素、社会文化要素及政策要素也扮演着重要角色。可见，构成乳品产业集聚品牌生态系统的各要素并非单独对集聚产生影响作用，而更多的是各影响要素之间发挥着组合与相互补充的作用。

在一定意义上可以说，品牌生态系统物资市场子要素所表现的就是品牌的可视化、与产品的联想能力和消费者实际选择的可能性。劳动力市场子要素，包括了生态系统中的人力资源、人才流动和获取的有效度及其合理配置。❶ 在当前的社会经济条件下，人才要素的影响已不太显著，人才早已超越了地域的限制而在全国乃至全球范围内流动。产业结构和技术创

---

❶ 盖宏伟．产业集群品牌生态系统功能体系研究［J］．品牌生态，2013（7）：16.

新子要素，这是品牌生态系统赖以存在的机体，如果缺乏有效的产业结构，包括与乳业相关的产业，企业集聚就不可能发生，品牌生态也就无法形成，推动产业结构优化和品牌特化、泛化的核心要素是技术，它关系到企业的生产成本、竞争优势和推出新的品牌产品的能力。这几个方面的子要素共同构成了经济市场要素的完整性，对于产业集聚和品牌生态系统的功能发挥，有着根本的作用。

从技术要素层面分析，近些年，我国虽然在乳业养殖和生产技术方面与世界先进水平还有一定差距，但已经取得了长足的进步。例如，我国在以泌乳奶山羊为模型测定的 10 种 EAA 的最大泌乳转化效率研究方面取得了初步的理想比例，如表 5 - 4 所示。

表 5 - 4　我国泌乳奶山羊 10 种 EAA 最大泌乳转化效率

EAA	Lys	Met	Let	Phe	Ile	Arg	Trp	Thr	His	Val
比例（%）	12.0	5.5	27.4	11.9	14.4	16.7	2.7	1.9	5.5	2.1

以我国泌乳奶山羊为例，其中 10 种 EAA 最大泌乳转化效率比例与国际水平相比已相当接近，个别 EAA 项甚至超过国际平均水平，这一技术有望在泌乳牛方面得到有效应用，这将对我国一直以来普遍存在的奶牛单产低的乳业养殖现状起到提升和促进作用。

在奶牛场重大疫病防控和净化技术进展方面，获得了国内外首例抗口蹄疫 RNAi 的转基因奶牛，研制的牛轮状病毒灭活疫苗对新生犊牛具有保护作用，通过精确定位 NSP4 基因毒力位点，获得了候选减毒疫苗株，优化了疫苗免疫程序。除此之外，在行业标准化管控方面，起草并推广标准化、规模化奶牛场口蹄疫防控关键技术规程企业标准，集成了牛主要病毒病的病原、诊断及防控技术研究成果，建立起综合防控体系并示范推广。这些成果总体达到国际先进水平，部分成果居国际领先地位。

（二）区位环境要素

与高新技术产业不同的一点是，乳品产业集聚必定依托于区位环境，虽然前者也需要特定的区位，但是后者的依赖性似乎更大，因为后者所依赖的自然资源是某些区位所不具备的，这就是乳品产业集聚的空间分析所得出的实证性的结论。区位环境要素是乳品产业集聚和乳业品牌生态系统的土壤，而且必须要有合适的土壤才能存在和发展。

区位环境要素也包含若干子要素：自然资源子要素、地域地缘子要素、区域品牌群子要素和竞争者子要素等。自然环境子要素是乳品产业得以集聚并发展的资源要素，对于乳业这一对自然资源有较强依赖的产业，自然资源的影响是巨大的。对资源较强的依附性，是乳品产业集聚和规模化发展的资源基础，地域地缘要素是在自然资源要素禀赋的基础上发展而来，假设处在同一个奶源带，但是如果不同的乳业集聚区区位地理因素不一致，也会对产业集聚和品牌生态系统造成影响。地域上的连接产生的经济关系称之为地缘经济关系，这种关系通常表现为联合和合作状态下的即经济集团化，或者是对立甚至是遏制、互设壁垒的经济关系，前者称之为互补型地缘经济关系，后者称之为竞争型地缘经济关系。

品牌群落对品牌种群有着直接的影响，品牌群落生态系统中的品牌间关系多为相互依存的合作关系，比如，蒙牛品牌和各类物流服务品牌、蒙牛和包装生产商及原辅料供应商等。但是，由于品牌种群间的竞争，它们之间也存在着一定的竞争关系，如蒙牛和伊利之间的竞争，会导致物流产业之间的竞争，反之，有可能会增加乳品的物流成本等。以上这种状况比较复杂，对品牌生态系统的影响也主要表现在产业结构和市场价值链等方面，从而成为品牌生态系统不断演进或衰落的土壤。

同样，区位环境和资源要素对乳品产业生产、发展也有着直接的影响，这集中体现在我国乳制品产量方面。从这些数据和指标结果上可以看出产业集聚区位的环境、资源和能量对品牌生态系统发展的影响。2009—2013 年全国及各省份乳制品产量如表 5 - 5 所示。

内蒙古连续 5 年高居全国乳制品产量榜首，传统乳业强省河北、山东、黑龙江紧随其后，陕西、江苏、四川、云南 4 省在 5 年中的增速较快，超过其他省份的平均增长率，在各省份中，宁夏的增速尤为抢眼，5 年间连续高速增长，2013 年产量是 2009 年产量的 5 倍。在各直辖市中，产量增速较为平衡，天津 2013 年产量 62.55 万吨，较之于 2009 年 33.343 吨的产量翻了近一番，在直辖市中，乳制品绝对产量名列前茅。

表 5 - 5　2009—2013 年全国及各省份乳制品产量

（万吨）

全国及各省份	2009 年	2010 年	2011 年	2012 年	2013 年
全国	1935.12	2159.60	2387.49	2545.19	2698.03
北京	52.20	52.30	58.65	56.58	58.76
天津	33.34	26.58	22.87	43.98	62.55
河北	196.63	255.44	269.00	272.48	298.12
山西	48.14	50.03	52.46	65.18	53.43
内蒙古	379.55	345.36	383.21	325.67	300.92
辽宁	95.93	101.55	102.88	106.04	96.69
吉林	5.95	6.96	6.88	16.67	16.58
黑龙江	176.81	183.90	178.28	185.74	213.74
上海	40.18	42.30	45.75	58.17	48.92
江苏	95.20	100.19	100.25	128.32	141.63
浙江	34.26	30.76	35.68	42.12	50.03
安徽	44.52	66.48	79.02	75.23	94.05
福建	15.87	16.74	19.41	22.45	26.44
江西	18.71	28.17	28.91	28.51	32.09
山东	202.94	249.64	311.67	320.72	274.73
河南	108.48	132.69	158.70	175.36	193.06
湖北	51.90	57.72	49.07	60.52	77.83
湖南	18.24	18.26	26.98	37.73	38.45
广东	41.14	58.12	61.22	56.80	88.84
广西	8.58	11.17	14.33	15.73	27.11
海南	0.42	0.46	0.40	0.42	0.45
重庆	11.32	12.58	12.85	11.24	13.74
四川	47.06	58.00	78.01	77.22	94.92
贵州	4.07	4.40	5.51	5.88	6.74
云南	28.78	31.00	34.62	47.03	50.46
西藏	0.63	0.70	0.57	0.47	0.48
陕西	117.15	147.97	160.20	172.10	183.98
甘肃	10.58	14.34	16.73	23.99	29.02
青海	6.08	11.90	12.18	15.75	16.64
宁夏	13.57	13.41	25.20	56.56	65.74
新疆	26.89	30.30	35.99	40.52	41.87

数据来源：国家统计局。

（三）社会文化要素

企业在发展过程中或产业集聚过程中都会产生自己的文化，品牌也不例外，品牌本身就是一个文化系统。如企业在发展过程中所形成的管理文化、员工文化、领导文化和战略文化等，这是企业的软实力，是企业作为社会因子不可或缺的组成部分。[1] 产业同样蕴含有自有的文化意韵，如互联网产业的文化更多的是自由、开放和共享。乳品产业的文化更加注重的是健康、绿色和生态等文化要素。同时，品牌自身也有其特有的文化，品牌包含着企业和某个产业的文化积淀和传承，如老字号就是代表了一种精神。品牌还有着视觉形象设计、意义系统和身份表示，这就是文化。[2] 例如，大切诺基的广告侧重于沉稳、执着和粗犷的风格，LV 则有着品质、高端、奢华的品牌文化呈现，其各自的品牌塑造亦是如此。社会文化与品牌生态系统结合，更多的表现在外在的形象和内在的精神，既有当下的创新，也有历史的传承。乳品产业集聚的社会文化要素主要包含三个方面的子要素：一是乳品产业集聚区域的传统文化；二是乳品产业文化和企业品牌文化；三是由文化而形成的消费者习惯性偏好。

在乳品产业集聚区域，对乳文化的认同一般都较为强烈，乳品消费成为人们食品消费结构的重要组成部分。如内蒙古的乳文化是源于草原文化的特征，传统上过着逐水草而居的游牧生活，从饮食中要想获取相应的能量和蛋白质，除却肉食便是奶制品了。但是由于地理环境的差异，不同地区和国家的乳文化也呈现出不同的特点，由此所形成的乳品企业文化和品牌个性也有一定的差异。企业一般会根据当地的乳文化传统，结合当前经济文化发展的趋势确定品牌文化的定位，这就涉及文化因素影响下的消费者偏好问题。比如在中原地区，人们对牛奶还是比较容易接受的，但喝奶茶、吃奶酪的习惯较难培养起来。乳业品牌的个性化、区域差异化就必然要适应不同区域的消费者偏好，这对于产业集聚的资金链、品牌的扩大化

---

❶　梁琦. 分工、集聚与增长 ［M］. 北京：商务印书馆，2009：51.

❷　朱立. 品牌文化战略研究 ［D］. 武汉：中南财经政法大学，2005.

和市场占有都有着重要影响。如表 5-6 所示，在对 2011—2013 年全国及各省份奶类产量的分析中可以明显地看出省份产业集聚的差异，这也与不同省份的产业基础、区位优势、社会文化和消费传统有着直接的关系。

表 5-6 2011—2013 年全国及各省份奶类产量

（万吨）

全国及各省份	2011 年	2012 年	2013 年
全国	3810.69	3875.40	3650.00
北京	63.98	65.05	61.46
天津	57.95	68.17	68.53
河北	648.86	478.96	456.66
山西	112.80	80.99	87.21
内蒙古	956.17	930.65	778.55
辽宁	181.09	130.20	125.74
吉林	131.67	49.80	48.34
黑龙江	762.06	564.99	522.52
上海	30.53	30.18	26.53
江苏	81.13	61.30	59.90
浙江	22.00	19.27	18.21
安徽	29.64	24.09	25.34
福建	14.79	15.39	15.30
江西	12.67	12.60	12.25
山东	486.58	294.10	281.22
河南	359.13	330.43	328.77
湖北	30.08	15.74	15.78
湖南	7.69	8.50	8.90
广东	17.14	13.93	14.06
广西	9.20	9.36	9.56
海南	0.10	0.23	0.23

全国及各省份	2011 年	2012 年	2013 年
重庆	7.28	7.73	6.80
四川	76.79	72.23	71.12
贵州	6.88	5.10	5.45
云南	65.99	58.00	59.30
西藏	39.11	31.60	32.97
陕西	244.12	189.08	188.55
甘肃	43.05	38.59	39.15
青海	32.13	29.35	28.74
宁夏	111.20	103.49	104.20
新疆	294.60	136.32	139.19

数据来源：国家统计局。

（四）政府政策要素

作为产业集聚的行动主体之一，政府及其所实施的政策在产业集聚发展中有着不可或缺的重要性。由于我国特定的历史因素，产业集聚伊始多在政府的主导之下，而且品牌生态系统要素的协调很大程度上也不完全取决于市场，而是政策的宏观调控。因而，政府政策要素也包含着若干子要素：政府的发展规划、公共要素供给、产业集聚升级和产业集聚品牌创建等。

政府的发展规划包括产业园区规划、专业市场规划和消费市场规划等。这些规划对于产业集聚的有序运转有着重要的意义，其中政府政策服务平台的搭建、服务模式的创新和优惠政策的落实都在规划中体现出来。公共要素的供给，并不是只给予某个特定的企业，而是具有一定的非竞争性和非排他性。当然，这也不可避免会导致产业和品牌发展中"搭便车"的情况发生，这源于我国市场经济的不健全和"信息不对称"，政府也没完全分开管和不管的界限。❶

产业集聚升级，是指集聚产业结构的改善和产业素质与效率的提高。产

---

❶ 杨保军. 品牌生态系统结构分析及应用 [J]. 重庆工商大学学报，2010（4）：57.

业升级关键是依靠技术进步，产业结构的升级表现为产业的协调发展和结构的改善；产业素质与效率的提高表现为生产要素的优化组合、技术水平和管理水平以及产品质量的提高❶，政府在其中发挥着重要的作用。最为关键的一点是，政府对于品牌的塑造有着正面的影响力，政府政策得当，有利于集聚产业品牌的整体竞争力。❷ 这包括品牌的宣传、推广、公关和文化教育培养等。实际上，品牌的竞争力和优势，也是政府政策和宏观管理水平的集中表现。例如，我国乳业品牌出现过严重的安全问题和信任危机，三聚氰胺、黄曲霉素事件等，都对我国乳业品牌的形象造成了严重的损害。

以呼和浩特市盛乐经济园区为例，自 1999 年，蒙牛一期工程落户于此，迄今，蒙牛在开发区共建立了六期生产工厂，涵盖了常温、低温、冰品、奶酪、乳粉等乳品全系列产品品类的流水生产线。早在 2002 年，蒙牛第三期工厂已经被利乐评为全球样板工厂，在之后的 2007 年，又建立了蒙牛六期工厂，即蒙牛高科事业部，这也是迄今为止，全球最大的、智能化程度最高的液体奶生产单体车间。六期工厂的投资额度高达 12 亿元人民币，工厂配备 22 条现代化生产线，其中 12 条来自于德国康美公司，另外 10 条来自于瑞典的利乐，日设计加工原料奶能力为 2000 吨。在政府主导和相关政策指导之下，相关产业业态向盛乐经济园区集聚，在以蒙牛为代表的乳业龙头企业的带动之下，围绕绿色食品加工业态，如燕京啤酒、可口可乐、大牧场、蒙羊等乳品、食品产业价值链和品牌群落已初具规模。

呼和浩特市盛东经济园区作为我国最大的乳品产业集聚区域之一，之所取得这么强劲的发展势头和令世界瞩目的成就，其中政府政策要素是关键因素。仍以内蒙古自治区工业开发区（园区）政策为例，政府在的推动乳业集聚区升级发展方面，大力倡导园区发展以科技创新为先导、以项目为依托，推动工业集中、集聚、集约发展，围绕构建多元发展、多极支撑产业体系，着力推动资源型产业提升层次。同时，通过制定相关切实有效

---

❶ 教育部哲学社会科学研究重大课题攻关项目. 产业集聚与区域经济协调发展研究 ［M］. 北京：经济科学出版社，2012：26.

❷ 郑培娟，等. 集群品牌竞争力影响因素的实证研究 ［J］. 科技管理研究，2015（10）：139.

的政策，着力发挥园区已有重点产业、骨干企业的带动作用，吸引产业链条整体转移和关联产业协同转移，从而为内蒙古支柱产业之一的乳业的产业集聚升级优化、品牌生态系统的协同起到了积极的推动作用。

二、乳业品牌生态系统结构性功能

乳品产业集聚所引致的乳业品牌生态系统是以集聚品牌价值关联的要素及其交互关系为基础，以集聚品牌生态系统要素价值推进创新为导向，能够对特定产业及区域社会发展和经济市场的兴盛起到重要的促进作用。在当前区域经济竞争激烈化和国际竞争日趋白热化的状况下，打造适合区域经济的民族品牌有着重要的意义。在不断适应内外部环境的过程中，集聚品牌生态系统逐步形成了一定的功能体系，品牌生态系统的诸多要素发挥着应有的功能，涉及以下四个方面：品牌价值的拓展功能；区位环境资源整合功能；区域经济带动功能；品牌效应提升和动态演进功能。

（一）品牌价值拓展功能

在产业集聚带动下所形成的集聚品牌生态系统，具有一定的稳定协调结构关系的功能，这主要是因为，这种结构模式能够给集聚企业和企业品牌带来任何一个单一要素所不能提供的整合与溢出效应，从而使得企业品牌价值在不同的市场和区域都得到拓展和提升。集聚品牌的价值涵盖了经济价值、社会价值、生态价值和文化价值，其核心价值在于经济价值也就是品牌的资产溢价功能，这也是企业追求的首要目标。它体现集聚品牌的竞争和创新优势，表达了集聚品牌在价值链利益呈现、资金回收和周转、商品销售量增加、生产成本降低等方面所具有的重要推动作用。

社会价值很大程度上是品牌所具有的社会效应和口碑，良好的品牌也拥有更好的顾客忠诚度和传播力，在消费者心中，集聚品牌能够提供更为优质的服务、产品和品质，从而在生活中更倾向于选择集聚品牌。集聚品牌能够较容易地进入新的市场和竞争环境，融入不同的社会群体之中。生态价值标示了集聚品牌是与当前的绿色环保和低碳理念相符合，在与自然生态环境和谐的情况下完成产品的生产，也就是说，集聚品牌在消费者心

中被认为是绿色的、无污染的和原生态的，这就极大地拓展了人们的生产生活方式和消费理念。❶

文化价值是集聚品牌所承载的重要职能，产业集聚必然有着历史的传承和文化底蕴，集聚品牌不单保存了这些宝贵的文化资源，而且以新的经济和消费模式将之传达出去，成为不同地域、不同群体之间的文化交互，促进人们之间的文化交流和沟通，集聚品牌既是个性化的，也是普遍性的。从国际竞争的角度来看，既是民族的，又是世界的，这就是集聚产业品牌文化价值内涵的拓展。

蒙牛和伊利是品牌文化价值拓展的典范，这不仅是企业获取更多利润、更大品牌效应的手段，而且是传播乳业文化、提倡健康生活方式的社会责任。为此，蒙牛开放了自己的生产工厂为旅游景区供各界人士免费参观，2009 年蒙牛的呼和浩特和林格尔基地六期工厂被国家旅游局评为国家"AAAA"级旅游景区，这为扩展蒙牛品牌价值和知名度有着直接的促进作用。来此参观的各界人士络绎不绝，这也是乳业品牌作为旅游资源和形象而获得社会效应、休闲价值和文化传播的极好例证。

（二）区位环境资源整合功能

产业集聚的目的并非是单个企业为了竞争有限的资源而获取自身的无限发展，如果这样就会使得整个区域集聚企业陷入无序的恶性竞争之中。产业集聚最大的优势就是形成的品牌生态系统，并如自然生态系统那样演化出有序而共生的生态结构，这就是品牌生态系统的区位环境资源整合功能，它反过来又会对产业集聚产生直接的影响，这个影响不仅包括在资源占有方面的竞争与合作，也就是生态位的占据，也包括经营模式和市场占有方面的差异化，促进产业集聚企业及品牌不断向多样化、合理化、品质化方向进化发展。

一方面，产业集聚所引致品牌生态系统的内部竞争，除了有资源争夺方面的负面表现，更有技术方面的创新、人才的有效利用和政策红利最大化的正面促进，这种集聚效应可以使系统在区位环境资源体系中寻找到最

---

❶ 任海燕. 乳品企业品牌战略研究 ［D］. 北京：中国农业科学院研究生院，2009.

合理的条件与因素来获得持续的发展。因而，合理建构系统内外的关系从而形成资源结构体系、技术交流机制、政策共享平台等，既可以实现生态系统运作资源需求的有效满足，也可以打造有机的、共生的或者符合生态链式发展的价值链体系，从而对整个产业集聚有着直接的整合与推动作用，也使每个企业在其生态位中获得充分的发展。

另一方面，集聚品牌生态系统的差异化、多样化和生态链等级式的整合体系演进，很大程度上可以减少环境条件和因素选择成本，使系统主体能够集中精力进行自己所特有的品牌价值发展研究，也就是品牌的特化问题；同时，也可以将品牌的社会价值、文化价值、经济价值和生态价值进一步扩展，也就是品牌的泛化问题。因而，品牌生态系统结构的整合功能将有限的资源、政府的政策红利、社会文化和经济价值有机的整合起来，不断推动集聚产业结构调整和升级。

以较为典型的内蒙古乳业集聚区为例，在以蒙牛、伊利等龙头企业和强势品牌企业的带动之下，乳制品生产链上的相关要素企业依托乳业产业集聚而形成了产业群落。例如，利乐、纷美等国际国内知名包装企业纷纷落户呼和浩特，利乐包装呼和浩特工厂于 2009 年第一期落成之后，2012年又完成了二期工厂的建设投产，总投资 12.25 亿元，总产能达两百亿包，该厂目前各项主要业绩指标位居利乐全球工厂第一，对于乳业产业集聚具有良好的示范和带动效应。

（三）区域经济带动功能

在当前经济一体化发展的宏观大背景下，产业集聚在区域经济和企业国际竞争力方面的作用日趋显著，已经成为重要的产业组织形式和经济载体。[1] 国家和政府统筹区域发展战略、引导产业集聚和品牌生态建设，进一步推进了各地产业集聚的发展。因而，除却乳品产业集聚之外，各种传统和新兴行业都发生着大规模的产业集聚，如纺织、服装、工艺美术、互

---

[1] 雅克·弗朗瓦斯·蒂斯. 石敏俊，等，译. 集聚经济学：城市、产业区位与全球化 [M]. 上海：格致出版社，2016：315.

联网、新能源汽车等，而且由此更进一步形成了产业集群，也就是不同的相关产业聚集在一起，形成更大的品牌群落。例如，在呼和浩特乳品产业发生了集聚，同时形成了品牌生态系统，构建了乳业品牌生态种群。与此同时，与乳业相关的产业，如畜牧业、物流产业、包装产业以及相关的服务业等都相继聚集，从而形成了囊括不同业态且有彼此相关的产业集群，也由此构造出与同一产业品牌种群不同的品牌群落，对当地经济的发展具有深远的影响和直接的推动力。

因而，在一定程度上可以说，集聚产业品牌生态系统似乎是区域经济的引擎和中介，它连接着产业集聚和产业集群，因为集聚产业品牌生态系统是在产业集聚的基础上发展而来，但在更为广阔的背景中，它又属于产业集群和产业集群生态系统群落的组成部分。品牌生态系统的层级关系如图 5 - 3 所示。

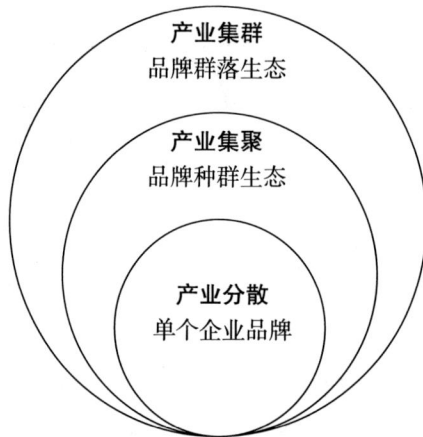

图 5 - 3　品牌生态系统的层级关系

集聚品牌生态系统处在关键的位置，通过它，不同产业及其品牌之间连接和交互，集聚品牌一旦形成了产业整合功能而对产业集聚发生影响，便会呈现出一种螺旋式上升的态势，原有品牌、技术与新加入的品牌、相关产业品牌、技术之间融合渗透的关系就越紧密，其形成的优势规模和价值范围就越大，对于提高产业集聚和集群优势的作用就愈加显著，同时可以提高整个区域经济的发展势头和对外的市场进入能力和竞争力。❶ 甚至可以说，作为品牌生态系统的重要一环，产业集聚品牌生态系统能不能有序运转，则会直接影响整个区域经济的可持续发展和规模化扩张。

（四）品牌自我提升和动态演进功能

品牌自其诞生之日起便被认为是一个独立的生命体而在不同品牌之间构成有机的系统。以自然生态隐喻来看，每一个物种都不可能在与世隔绝的情况下独立生存和自主演化，必然在与其他物种、外界环境、能量的交互和流通中获得自身的提升和动态演进。品牌也是如此，集聚品牌生态系统的结构性优势就在于，它具备系统内外要素及环境关系的协同性和适应性，通过能量和资源的有机交换和互补，使得品牌个体犹如生物体那样不断的自我优化升级，从而适应日趋复杂的市场和社会。这也就是我们之前所提到的集聚品牌生态系统的复杂适应系统 CAS（Complex Adoptive System），它表明了品牌自我提升的集聚特性、非线性特征以及多样性的演进路径。

也正是因为如此，很多集聚品牌生态系统会演进出较为富有弹性的应急意识和能力，狭义的可以理解为对危机公关，包括政府政策变动、市场负面信息、资金链断裂等问题的应变与适应能力。集聚品牌生态系统较之单个品牌和产业有很强的抗风险能力，很显然，这种能力和有序的排除风险的机制主要来自于系统的自组织功能。这种自我强化和调适的能力具有条件性和双向性的特性表现，正如我们上面论述的中介环节，集聚品牌生态系统自我提升需要环境要素间的相互作用，但有可能对产业造成正面或负面的影响，也同时指向产业集聚和集群，这就是其多维度的双向性。

集聚品牌生态系统在自我提升的过程中，其自组织功能和有机体适应性推动了集聚品牌生态系统的动态演化功能。这就需要对要素和产业间的适应性进行调整，包括要素的重新配置、结构的再变迁和功能的不断衍生。动态演进还意味着产业集聚品牌生态系统与整个社会生产生活方式、文化模式和人们的心理意识发生着直接的相互影响。例如，当前

---

❶ 张路红. 我国企业国际品牌战略研究［D］. 天津：天津财经大学，2008.

的消费观念是建立在大工业和大众消费的社会结构之中，如果将产业集聚恢复到传统的状态，无疑将会是社会的倒退。对于乳业而言也是如此，人们的生产生活和心理意识都和产业集聚品牌生态系统的演进密切联系在一起。我们都是生活在品牌的世界中，而不仅仅是商品的世界中。

第三节　我国乳品产业集聚品牌生态系统风险管理

品牌生态系统虽然具有相对的独立性和演化特征，并具有自组织的调适功能。但总的来说，它仍然是一个人工的生态系统，需要人的管理和调配，在其发展的过程中会蕴含一定的风险。对品牌生态系统的管理涵盖了管理的概念、内涵及原则。品牌生态系统的风险管理，并非是单纯的一般的风险管理与品牌生态系统管理的结合，而是在产业集聚视角下，多要素之间相互交叠的品牌生态风险管理。

一、品牌生态管理的概念、内涵和原则

（一）品牌生态管理的概念和内涵

品牌生态管理的核心是对品牌生态系统进行评估、控制和管理。关于产业集聚品牌生态系统，我们之前已有论述，主要是指，在产业集聚的基础上由同一类型相互联系的单个企业品牌所构成的品牌种群，其中包含着品牌与品牌产品、品牌归属企业、消费者群体、价值链环节、金融机构、大众传媒、政府政策、社会文化和区位环境等共同组成的人工生态系统。很显然，这是依托于自然生态系统的隐喻，品牌生态系统更多的具有社会属性，需要人工的干预，而不仅仅是自然发展的历程。❶ 虽然品牌生态系统具有自组织的功能，但是企业家、产业组织、消费者和政府等在其中也

---

❶ 杨忠直，陈炳富. 商业生态学与商业生态工程探讨 [J]. 自然辩证法通讯，2003（4）：35－61.

扮演着一定的角色。品牌生态管理除却企业内部的品牌管理之外，还包括了产业集聚的品牌种群之间的相互关联、相互促进与合理竞争的管理模式，从而创造可持续发展的竞争优势和产业集聚规模。

品牌生态管理从实质上而言，是一种以自然生态系统论为隐喻和指导的具体的生态性品牌管理思想和方法。其主要目的是为了与利益相关者群体建立一种和谐共生的关系，塑造优势品牌，最大可能的降低不利于产业发展的无序竞争、对抗与争夺，而将之保持在合理可控的范围之内。实际上，之所以将产业集聚品牌视为一个生态系统，是因为生态系统虽具有自组织的功能，但从发展的趋势来看，倾向于"熵"的增加，即无序状态的指向。这就需要更多的能量来维系秩序，那么品牌生态管理也就是题中应有之义了。

品牌生态管理的内容涉及品牌种群的要素和结构性功能。首先，品牌生态管理要有利于促进整个宏观的生态种群的可持续发展，从而促进产业集聚和集群的不断壮大，扩大竞争优势。也就是说，品牌生态管理使得产业集聚的诸多品牌与整个产业生态系统、商业生态系统和社会生态系统、环境生态系统处于和谐之中。其次，品牌生态管理有助于协调不同要素之间的合理配置和流动，同时也在产业集聚的企业之间塑造良好的协作关系。这也就是我们之前所论述的诸多要素之间的恰当配比。最后，品牌生态管理立足于微观视角，注重差异品牌之间的优势培养和互补性结构调整，满足市场不同层次的需求。

（二）品牌生态管理的原则

品牌生态管理的原则是根据自然生态系统而来的，这就表明了生态系统的协同性、适应性和环境容量特征。因而，品牌生态管理也有如下几个方面的原则。

1. 限制因子扩展原则

这一原则源于自然生态环境原则，在自然生态系统中的生物体要想获得生存和发展，必须具有相应的物质、能量和相应条件。这就产生了影响生态系统的因子量度问题。也就是说，生物体适应环境的最高值和最低值，在这个范围值外，生物体都无法生存。对于品牌而言亦可谓如此，品牌存在需要有环境、资源、消费者和文化等要素的匹配，如果缺乏这个限度就会陷入混乱。但这个限度由于人工的干预是可以改变的。例如，乳业品牌在内蒙古或黑龙江的生存必然依赖自然资源、政府政策、生产配套、消费文化等要素的匹配，但当草场资源降低到一定程度，品牌必然出现信任危机，从而可能无法承载商品的品质了。所以，扩展品牌限制因子的界限是重要的原则之一，诸如提高生产效率、引进新技术、开发新的品牌衍生品等。

2. 环境容量原则

产业集聚的空间区域范围也是有限的，正如我们所论述的限制因子扩展原则，环境容量不允许漫无边界的扩展品牌，否则既会导致资源的浪费也会增加环境的负担。这就需要在品牌生态管理过程中提出市场准入标准，对品牌生态系统的环境资源状况、负载能力等做出科学的评估。

3. 共同进化的原则

生物体之所以会演化出生态系统，重要的一点是彼此相互联系而不可割裂，否则就失去了生命活性。品牌生态管理的重要原则，也是最终目标，是实现不同品牌之间的共同进化，而不是由于恶性竞争而有可能导致的共同退化。比如，在我国的乳业品牌发展进程中由于恶性竞争而导致的"三聚氰胺"事件，造成我国的乳品产业信誉度大幅度下降，以及产业盈利和品牌价值的退化。

二、品牌生态系统风险

品牌生态系统风险通常以产业集聚发展的问题呈现出来，按照我们之前论述的品牌生态系统要素，品牌生态系统的风险也可以分为如下几个方面。

1. 政府政策的操作适应性和持续性

政府政策有利于产业集聚的发展，但是很多情况下对品牌生态问题认识不够全面，也没有出台相应的政策对此加以引导和调整，也就是说，没有认识到产业集聚品牌对产业集聚和企业品牌的辐射效应。很多地方政府也没有完全认识到自身在区域产业集聚品牌建设中的角色和产业集聚中普遍存在的搭便车行为。部分地方政府基于追求政绩的短视动机，盲目地上马"大而全"的产业集聚规模化，忽视了产业集聚品牌生态系统建设对地方经济发展的乘数效应、营销效应和磁吸效应。由此，在实际政策规划和落实方面，往往表现出了政策的指导性较强、但操作适应性偏弱的情形，从政策持续性上来说，对产业集聚品牌生态系统的持续培育方面也不够健全而明确。

2. 产业集聚品牌及品牌定位

产业集聚品牌定位包含了两个方面的内容，第一，对于品牌生态系统内部的单个企业品牌而言，问题主要是涉及每个品牌的生态位和品牌的视觉形象设计、个性化凸显和市场的渗入以及与文化的无缝对接。第二，产业集聚品牌定位有利于整个品牌生态系统的品牌形象和资源的有效流动、培育和提升。

这就要求较为全面的分析竞争者在市场上所处的位置，根据产业集聚的特性，针对消费者或顾客对该类品牌的重视程度，塑造出自身产业有特色的、个性化的、承载文化传统的品牌内涵与品牌设计，并通过一套适当的营销组合策略把这种特征有效地传达给消费者和投资者，进而影响目标受众对该产业集聚品牌的总体性认同，有效地提高产业集聚的市场进入、占有和资本盈利能力。

实际上，越来越多的企业和集聚产业都已经意识到品牌时代带来的挑战，尤其是在国际市场的竞争中。但是品牌的创建、发展和维护，尤其是品牌溢价功能的实现是十分艰难的。优势品牌所带来的利润是一般企业所不能比拟的。为此需要制定品牌发展的长远战略规划和目标。在品牌和品牌生态竞争时代，企业发展壮大的机遇和建设自主品牌的挑战并存。根据国家统计局数据，2013 年，我国规模以上乳品企业有 658 家，产品销售收入和利润总额分别为 2831.59 亿元人民币和 180.11 亿元人民币，比 2012年同比增长 14.16% 和 12.70%，2013 年我国乳品产业收入和利润情况如图 5 - 4 所示。

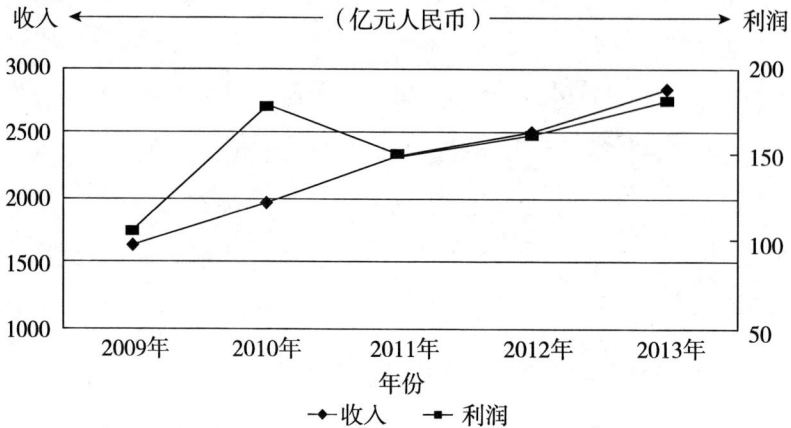

图 5 - 4   2013 年我国乳品产业收入和利润折线图

通过数据对比可以看出我国乳业品牌溢价功能的位置与状况。我国乳业年增长率近年保持较快增长的态势，每年近两位数的增长率与世界乳业年均增长率大致持平，但由于发展的历史阶段、品牌力与发展基础等诸多因素的差异，在总体生产效益与盈利能力上与世界发达乳业国家存在较大的差距，目前，从营业额的视角观察，截至 2014 年的数据，我国有伊利、蒙牛两家乳企进入世界乳业前 15 强，分列第 10、第 11 位。表 5 -7 列举了世界排名前 25 位乳品企业乳制品营业额。

表 5 - 7   世界排名前 25 位乳品企业乳制品营业额 [A]

（10 亿美元）

公司	国家	2011	2012	2013	2012—2013 年增长率（%）
①拉克塔利斯	法国	17.5	20.2	21.2	+5
②雀巢[B],[C]	瑞士	18.6	19.8	18.7	-5
③达能[B]	法国	15.6	15.0	15.7	+4
④菲士兰坎皮纳	荷兰	13.4	13.2	15.1	-4
⑤恒天然[D]	新西兰	15.3	15.8	15.1	-4
⑥阿拉食品	丹麦	10.3	10.9	13.1	+20
⑦美国牛奶公司	美国	13.0	12.1	12.8	+6
⑧迪安食品[E]	美国	13.1	11.5	9.0	-21

续表

公司	国家	2011	2012	2013	2012—2013 年增长率（%）
⑨萨普托(F)	加拿大	6.8	7.2	8.8	+23
⑩伊利	中国	5.8	6.7	7.8	+17
⑪蒙牛	中国	5.8	5.7	7.1	+24
⑫诺德胡马纳	德国	6.4	5.7	7.1	+24
⑬明治乳业(F)	日本	7.4	7.5	6.4	−15
⑭索迪雅	法国	6.1	5.6	6.1	+9
⑮森水乳业(F)	日本	7.4	7.2	6.0	−16
⑯保健然	法国	5.5	5.2	5.9	+12
⑰缪勒(I)	美国	—	—	4.9	—
⑱施雷伯(I)	美国	—	—	4.5	—
⑲蓝德雷	美国	4.3	4.2	4.5	+8
⑳哥兰比亚	爱尔兰	4.4	3.9	4.4	+12
㉑卡夫食品	美国	7.7	3.8	3.9	+2
㉒Agropur(H)	加拿大	3.7	3.7	3.7	+1
㉓Bel	法国	3.5	3.4	3.6	+6
㉔艾美	瑞士	3.1	3.2	3.6	+12
㉕蒂勒	挪威	3.5	3.4	3.4	+0

（A）嘉里、联合利华、百事可乐和亿滋没有排名。

（B）不包括婴幼儿配方奶粉。

（C）奶制品和冰淇淋数据在 2013 年重新定义。

（D）数据截至 2013 年 6 月。

（E）包括所有产品数据。

（F）数据截至 2014 年 3 月。

（G）2012 年 10 月 1 日与亿滋数据分开统计，亿滋乳业数据没有计算到 2012 年的结果中。

（H）2012 年利润报表发生改变。

（I）估测值。

备注："—"表示数据未公布。

数据来源：法国国家乳制品协会，公司报表，国际新闻整理。

3. 产业集聚品牌生态系统的经营和维护水平较低

目前产业集聚品牌的营销和推广主体主要是依靠地方政府的推介和宣传，所采用的手段大多是通过地方政府与集聚产业在其所在地举办各种"××节"、相关论坛、研讨会、招商会等，这种营销和推广方式单一，不利于产业集聚品牌的影响力、品质和品牌文化迅速传播。在集聚产业的诸多企业中，有的企业，比如蒙牛和伊利，具有了很高的知名度，但是企业的品牌优势并不大，同时对产业集聚品牌生态系统的贡献效应不明显，也就是说对整个产业集聚和品牌整体竞争力没有显著的促进作用。因而还需要企业和地方政府进一步加大重视程度，制定合理的扶持政策和激励制度。

另外，产业集聚品牌缺乏明确而有效的法律保护。对于单个企业来说，品牌对单个企业是宝贵的无形资产，具有资本溢价功能，单个品牌也是产业集聚品牌生态的重要组成部分，龙头企业的知名品牌具有典型的品牌带动效应。有的乳业品牌企业缺乏品牌保护意识，对品牌的保护力度和法律支持十分匮乏，品牌在发展过程中时有被抢注、盗用和借用的现象时有发生，这对于单个企业品牌和产业集聚品牌生态都有着很大的风险。

三、品牌生态系统风险管理控制措施

鉴于以上所列举的品牌风险因素，可以通过以下几个方面的措施来对品牌生态的风险因素加以防范和规避。

1. 树立风险意识，杜绝投机行为

通过加强政府以及集聚产业在风险防范中的意识和作用，构建政府—企业—产业协会"三位一体"的格局来共同参与实施品牌生态风险的治理策略，有效防范搭便车和品牌侵权的行为发生。三方共同参与，各司其职，可以弥补市场失灵、政策失灵和法律短板，加强集聚产业中各企业之间的融合与协作，沟通机制和反馈效率，同时相互监督、监管，通过信息、资源和市场情况的有效传达、共同治理，共同维护产业集聚品牌及生态系统的良性发展，在产业集聚区内，打击和抑制企业投机及搭便车的

行为。

2. 构建信息平台，防范连锁效应

通过建构产业集聚与区域或整体市场的信息交流平台来防范产业集聚品牌产生"柠檬市场"风险和"多米诺骨牌效应"风险。产业集聚与市场之间一旦建立起良好的信息交流平台，则消费者就可以充分接受产品、企业和产业的有关信息，从而可以较好地判定不同企业、品牌和产业之间的产品差异，在很大程度上消除以偏概全的现象，在出现品牌信任危机和品质风险之际，就不会对整个产业集聚品牌生态系统造成整体的负面影响和判断，从而波及其他品牌。

3. 加强市场准入，避免滥竽充数

通过实施产业集聚品牌使用许可证制度，制定较为明确的准入标准和资格审查体系，可以较为严格的甄别产业集聚区域内品牌申请、使用者的资格，以预防和降低产业集聚品牌产生的"公地悲剧"，防范产业集聚企业对整个品牌生态系统的滥用和负面影响。

第六章　我国乳品产业集聚品牌生态系统的品牌间性

产业集聚导致了品牌生态系统的形成，乳业也不例外。通过空间计量分析，在乳品产业集聚的一定空间范围内，形成了不同乳品企业品牌之间的生态系统，由此演化出了由同一产业的不同企业之间的品牌所构成的品牌种群。在这个演化过程中，不可避免地存在着不同品牌之间的相互关系，诸如竞争与合作、分离与差异，对生态空间的争夺、共同的进化，等等，这就是品牌间性的问题。提出品牌间性这个概念，是为了更好地表述品牌种群生态系统中不同品牌之间的交互模式及发展态势。

正如品牌生态系统源于自然界的生态系统并以其理论为依托和隐喻，品牌间性的提出也源于社会现实关系及其主体间性的理论。主体间性理论实际上是对传统主体—客体关系模式的一种拓展和深化，表明了人们之间的新型交互关系。传统的主客体关系，建立在将自身作为主体，也就是居于相互关系里的中心地位，同时视他人、它物为客体，亦即是边缘的存在，由此产生了对物、对人的占有思想和行为，导致了人与物、人与人之间的关系失衡甚至恶化。主体间性理论表明人们在交往行动过程中，每个人都同时作为主体，也同时作为客体而存在，对待物也不仅是占有，而是处在共生和交互的关系中。这样，人与人之间就避免了动物之间的丛林竞争法则，人与物也处在相对和谐的状态。

众所周知，正因为当前对物、对人的过度占有和控制，导致了社会关系的失范、自然环境的过度开发而引发了一些社会和生态问题。主体间性理论对此行为有着较好的修正作用。直接来说，人不应只把别人视为客体、手段，而应同时将其视为目的，这就是新型的人与人、人与物、人与自然之间的关系。品牌间性同样是如此，品牌生态系统不应仅仅依托自然生态系统的隐喻表达，品牌生态系很大程度上是一个人工系统，它更多的表征了人与人、企业与企业之间的社会关系。也就是说，品牌的背后，不仅是自然有机物，而且是社会的有机体，品牌实质上是人、社会和文化的集合体。

因而，可以说，所谓品牌间性，是指由产业集聚而产生的品牌种群生态系统中，不同的品牌之间的交互关系和演进策略，由此所形成的企业之间、品牌与企业、品牌与文化之间的协同进化模式。

第一节　产业集聚与品牌生态位

20 世纪 70 年代，有关自然生态系统的生态位理论和方法开始渗透于企业经营管理领域。尤其是产业集聚不断发展，品牌种群生态系统的形成，生态理论和生态位概念为企业以及品牌间性的发展研究提供了新的视角和方法论。它以系统论和整体观对品牌生态的诸要素、企业之间的竞争策略、资源之间的分配和市场价值链的流动，进行了全面而系统的分析。生态位理论在契合社会经济领域和产业集聚品牌间性中的不同主体与资源环境要素之间的互动博弈、渐进整合的协同演进等方面，具有高仿真度的特征，直接模拟了自然生态和社会生态的演变过程。而自然生态与社会生态二者之间也具有内在的隐喻相关性。

J. Gri-nell（1917）最早给生态位下了定义，是指"每个物种由自身结构上的和功能上的限制而被约束在其内的最后分布单位"[1]，这个概念与我们的研究相符合，偏重于生态位的空间视角。进入 20 世纪后半叶，生态位理论与品牌生态系统兴起，由此可以说，品牌生态位是品牌在生态系统中所处的位置，是品牌与外部环境通过资源利用与循环、能量流动、信息传递而形成的相互依存、相互作用的功能关系。这可谓是品牌生态位的一

---

[1] 胡彦蓉. 基于生态理论的品牌竞争策略研究 [J]. 生态经济，2012（7）：122.

般性原理。

由此，将品牌生态位放置到产业集聚的背景下来看，也就是产业集聚品牌生态位，指品牌在产业集聚的空间区域内所处的位置和所利用的资源、能量和资本的综合状态，是产业集聚品牌生态系统生存的集合体。可以想见，品牌生态系统在产业集聚所构成的特定的空间中，当两个或两个以上的品牌利用同一自然或市场资源，面对同等的消费群体时，就会产生品牌生态位重叠的现象。如果它们处在完全相同的自然资源、市场资源和消费群体位置时，会导致恶性竞争的发生。但是，通常情况下，品牌生态位只发生部分的重叠，这就产生了品牌间性的问题，它是品牌在产业集聚空间的分布状况和交互关系。

一、产业集聚品牌生态位的特征

产业集聚造成品牌集聚，品牌的集聚形成了品牌生态系统，在整个品牌生态系统中，各品牌生态位在竞争空间里占据着特有的位置。在中国乳都呼和浩特，坐落着蒙牛和伊利两家知名乳品企业，从乳业生态角度来说，这两家乳业品牌企业在相对狭小的品牌生态空间里竞合，但各自都走出了各具特色的品牌之路，二者在竞争态势中不断进行品牌的自我定位和品牌诉求的区隔，在产品上既有针锋相对的品类对标，又有各自在细分产品品牌上的独特创新。但无论处在何种竞合状态，不同品牌在种群中都有自己所处的相对等级或层级，在呼和浩特市的市场目前依然看不到三元和光明的产品品牌的进入，这在某种程度上也许可以说明这一点。

（一）品牌间的相对性

在产业集聚的空间范围内，品牌生态所形成的品牌种群虽然是同一产业品牌，但却具有相对性的特征，它是品牌生态位的根本性特征，同样也是乳业产业集聚品牌生态位的主要特征之一。乳业品牌的生态位不是完全独立的，它是相对于其他企业品牌才确定的，在某一时间上的空间生态分布状况。首先，乳业品牌的相对性表现在乳业品牌生态种群中，不同品牌之间所占据的相对位置，以及其在特定位置对品牌生态系统所发挥的功能和作用；其次，乳业品牌的相对性也表现在了不同品牌在种群中所处的相对等级或层级，也就是说，乳业品牌种群的每个品牌都有自己的品牌生态位，同时，它们并不处在完全等同的地位，而是犹如食物链或者金字塔式的模式。不同乳业品牌之间的相对性既是品牌间性产生的基础，也是品牌生态位理论得以成立的基本特性。

如表 6 - 1 所示，在 2014 年全国及各省份乳品企业分类汇总表中，不同空间区位分布着不同数量的乳品企业和产品品牌，从中还可以看出，不同产品品牌具有相对的特征，有的区位和企业倾向于液态奶，有的专门生产干酪等品牌产品，他们之间的相对性构成了对品牌生态位的占据差异。以内蒙古自治区为例，其空间区域内乳制品生产企业有 67 家，其中液体乳生产企业有 27 家，乳粉生产企业有 39 家，这说明很多企业生产同类性质的产品，它们之间必然发生品牌生态位的重叠，并由此形成品牌间的相对多度，导致不同企业追求产品的差异，也就是品牌的泛化和特化的问题。

表 6 - 1　2014 年全国及各省份乳品企业分类汇总表

（个数）

全国及各省份	乳制品生产企业	液体乳生产企业	巴氏杀菌乳	调制乳	发酵乳	灭菌乳	乳粉生产企业	其他乳制品生产企业	奶油	干酪	其他
全国	816	545	301	354	413	307	297	112	47	41	41
北京	21	19	6	5	17	5	2	6	5	5	0
天津	19	12	7	8	9	7	5	5	0	2	3
河北	40	31	6	22	14	25	12	8	3	1	4
山西	13	11	7	4	8	9	2	0	0	0	0
内蒙古	67	27	8	16	16	19	39	22	17	6	3
辽宁	26	22	15	12	18	12	5	4	0	1	0
吉林	11	5	4	4	4	2	7	1	0	1	0
黑龙江	89	27	9	17	16	19	69	10	8	2	0
上海	12	6	5	5	5	3	4	5	2	4	0
江苏	46	42	33	33	37	10	6	3	1	0	2
浙江	23	16	9	15	13	6	5	3	1	1	3
安徽	18	17	12	15	14	10	4	2	0	1	1
福建	14	9	7	8	8	5	5	1	0	1	0

全国及各省份	乳制品生产企业	液体乳生产企业	巴氏杀菌乳	调制乳	发酵乳	灭菌乳	乳粉生产企业	其他乳制品生产企业	奶油	干酪	其他
江西	11	8	6	7	7	5	4	0	0	0	0
山东	53	41	22	29	27	30	10	5	2	3	1
河南	35	33	21	11	28	15	3	0	0	0	0
湖北	17	15	9	13	9	8	3	3	1	0	2
湖南	17	10	4	9	6	4	7	4	0	0	4
广东	38	28	23	11	24	8	8	4	0	1	3
广西	19	18	17	16	17	6	1	1	0	1	0
海南	2	2	2	0	2	0	0	0	0	0	0
重庆	3	3	2	0	2	2	0	0	0	0	0
四川	25	21	8	18	15	14	4	1	0	0	1
贵州	6	6	5	4	5	4	0	0	0	0	0
云南	17	13	10	11	13	9	5	2	0	2	0
西藏	4	4	0	1	4	2	0	0	0	0	0
陕西	47	24	9	19	9	19	33	1	0	0	1
甘肃	36	24	15	14	23	18	10	6	0	0	6
青海	17	15	6	2	15	6	1	2	0	1	0
宁夏	21	10	2	7	6	6	13	3	3	0	2
新疆	49	26	12	15	22	19	30	10	4	8	1

备注1：信息来源国家食品药品监督管理总局网站，时间截至2014年11月，以产品名称"乳制品"为关键字分省份检索。

（二）品牌间的重叠和竞争性

由以上第一个特性可知，品牌间性是相对的特征，但不同品牌之间并非完全分离，而是具有相互叠加的状态。否则，资源、能量和信息的交互就成为不可能，也就不存在竞争和进化的问题。而且，由于空间区位的有限性，资源、能量和信息都非无限，一般情况下，产业集聚中较大的企业品牌会采用同其他品牌进行生态位重叠的策略，这便是竞争的根源，从而可以保障自身获得主导性的地位，或占据更多的市场资源。❶ 不同品牌之

---

❶ 胡彦蓉.基于生态理论的品牌竞争策略研究［J］.生态经济, 2012 (7)：125.

间的生态位重叠会发生差异的状况，或者互补或者竞争，如其中一个品牌在某个生态位上重叠较多，在另外一个生态位上的重叠就较少。在国内高端奶品牌方面，蒙牛在国内率先推出高端牛奶品牌特仑苏，在市场激烈的竞争中能够独占鳌头，除了有来自于生产与质量的严苛管理以及精准的品牌营销定位所确立的品牌领导力，最主要的是在市场上占有了得天独厚的生态位，但在高端奶这个生态圈里，从来就不缺少竞争对手，伊利和三元相继推出了自己的高端液体奶品牌，金典和极致，成为特仑苏的主要竞品。随着国内高端液态奶的竞争日趋激烈，除了来自进口奶品牌的压力，国内实力雄厚的品牌乳企也都为了攫取更大利润，进军全进口牛奶市场，在一个新的生态领域里展开了角逐。2015 年伊利推出全进口版"金典有机纯牛奶"，以"中国·欧盟有机双认证"和"100% 欧洲进口"的概念，按108 元/箱的价格在国内出售。西安银桥乳业也不甘落后，在 2015 年 10月，推出一款叫作"阳光澳＋"的全进口牛奶，品牌概念中同样有着"源自澳洲阳光牧场"和"100% 澳洲原装进口"的字样。

（三）品牌交互的动态性

乳业产业集聚和品牌生态系统也处在不断的演化之中，这种时空的不断变换和转移也在很大程度上决定了乳业品牌生态位始终处于动态变化的特征，它的稳定性、容量、区域等都随着不同乳业企业品牌生态位的变化而变化。乳品企业品牌生态位的竞争性也决定了竞争始终存在于企业品牌生态系统种群之中，这就必然决定了乳业品牌生态位是处于动态的演化过程之中。动态性可以分为可持续成长、生态位的非均衡发展和跨越式发展等特征。近几年，乳业品牌之间的竞争大有"城头变幻大王旗，几家欢喜几家愁"之势。据农业部监测点的数据，2015 年以来，生鲜乳收购价格一直在 3.5 元/公斤左右徘徊，而部分地区奶农散户的收购价在 1.5 元/公斤左右，原料奶价格低，直接导致终端成品价格战的升级。在部分市场，中低端牛奶市场成为血刃的战场，各种买赠营销狠招不断上演，甚至一些高端奶业产品也加入价格战的行列。如区域成长品牌龙丹、辉山、现代牧业等企业，五折销售屡见不鲜，在整个战团中，甚至有伊利金典、蒙牛冠益乳、优益 C 等品类的现身参战。

（四）品牌的主导性和非主导性并存

在乳品产业集聚区域内，有的企业处于龙头企业的地位，如蒙牛和伊利，它们的品牌是强势的著名品牌，因而在品牌生态位的竞争和重叠中占据主导性地位，表现在资源的利用、价值链的成熟、品牌的强势以及引领技术革新等方面。但是，在集聚空间区位中，也有很多乳业的中小企业，它们是对市场不具有垄断性和主导性的品牌，这些品牌在生态系统中具有边缘和重叠性较低的品牌生态位，在其相对的空间范围内也不存在主导性的特征，更多的是品牌生态位的自我成长或者价值引导，并且其成长的出发点并不是为了主导某一类市场，而仅仅是对其区位、空间和资源的最有效利用。以新疆部分乳制品企业生产销售情况为例，见表 6 − 2。

表 6 − 2　2014 年新疆部分乳制品生产企业的相关生产和销售情况

序号	名称	年乳制品产量(吨)	产品销售区域	整体设计加工能力(吨/年)	年销售收入（万元）	利润（万元）
1	新疆西域春乳业有限责任公司	62000	乌鲁木齐、昌吉	250000	44000	5300
2	昌吉市麦趣尔集团股份有限公司	30000	全疆	50000	27000	4200
3	新疆维维天山雪乳业有限公司	24300	乌鲁木齐、昌吉	100000	20150	1800
4	新疆天润生物科技有限公司	29500	新疆	90000	18500	1505
5	石河子娃哈哈启力乳业公司	3510	内地	72000	9500	105
6	新疆伊源乳业股份有限公司	6170	伊宁	100000	6500	50

资料来源：《中国奶业年鉴 2014》。

从乳品产业集聚的品牌生态位特征来看，相对性、竞争性和动态性这三个特征是其对生态位特征的传承与深化，相对性在品牌生态系统中的表现更为明显，竞争性是其生存成长的充分条件，动态性则能够更为鲜明地表明乳业品牌生态位对市场及环境反应的灵敏程度。集中性和主导性反映了乳品产业强势品牌对生态位的占据和资源的攫取，并对其他弱势品牌和产业集聚发生直接的影响。从弱势品牌的角度来看，较小的乳品企业在生态系统中各生态位维度上不宜与竞争对手进行直接地竞争，尤其是对大企业品牌生态位的争夺中，其行为很容易以被迫压缩自身生态位宽度为代价。

因此，中小乳品企业的品牌生态位更明显地体现其集中性特征，以有限的资源与成本集中占据适宜的位置。❶ 非主导性反映了中小企业品牌生态位的主动与被动的统一特征，其主动地适应品牌生态系统环境，但被动地接受被大品牌掌控的品牌生态系统，虽然中小企业品牌生态位是非主导性的位置，但当其首创开发出某一有意义的生态位价值维度时，中小企业品牌则是主动地在品牌生态系统中生存与成长，通过引导品牌价值发展趋势，迅速扩宽其生态位，实现成长发展的目标。

二、生态位的测度方法

生态位（Niche）理论主要是研究生态系统中物种间的相互关系、种群结构、物种多样性及其协同进化的理论。生态位的测度主要包括生态位宽度、生态位重叠、生态位的空间体积和生态位维度数等。对于品牌生态系统来说，品牌生态位的测度也包含这些方面，但主要是从品牌生态位宽度和重叠度两个方面来进行度量。品牌生态位宽度是指品牌利用资源和市场的宽度以及对特定区域和资源依赖的程度指标。品牌生态位的重叠度是指两个或两个以上的品牌对特定空间范围内自然和社会资源的共同利用程度指标。由于品牌具有生物有机体的特征，并且处在资源、市场和能量的交互系统中，通过生态位理论、生态位宽度和重叠度能够较好地分析品牌

---

❶ 王兴元. 品牌生态位原理及其对企业品牌战略的启示［J］. 企业经济，2008（3）：42.

的竞争、分离和协同进化的情况。

（一）品牌生态位宽度的测算方法

对品牌生态位宽度的测算有多种方法，Van Valen 认为，所谓生态位宽度，是指"在有限能量和资源的多维度空间中为一物种或群落所利用的比例"，又称生态位大小（Niche Size）、生态位广度（Niche Width），反映了物种对资源环境的适应状态和对资源的利用程度，也就是指被一个有机单元利用的不同资源的综合。生态位指数计算公式如下，

$$B_i = \frac{\lg \sum N_{ij} - (1/\sum N_{ij})(\sum N_{ij} \lg N_{ij})}{\lg r} \qquad (6-1)$$

在公式（6-1）中，B_i 是指 i 种品牌的生态位宽度，N_{ij} 表示 i 种品牌利用 j 资源等级的数值，r 表示品牌生态位的资源等级数。公式表明了品牌 i 利用 j 资源在品牌 i 所利用市场资源和能量中的比例。其含义可以表述如下：品牌利用市场资源的种类和范围越丰富，对各种单一资源要素的依赖性就越低，从而品牌生态位的宽度也就越大。如果资源的可利用性较多，则品牌生态位宽度相应增加，广阔的品牌生态位导致每单位消耗取得的报酬最大，最终促进品牌生态位泛化；资源可利用性少时，品牌生态位宽度就会在资源丰富的环境里，因此出现较多的选择性和差异化的品牌种群，但是品牌种群生态位较窄，生态位呈现出特化。

品牌生态位宽度只是衡量产业集聚品牌利用资源能力的一个指标，如上述分析，品牌生态位宽度不足，也不一定表明该品牌的没有竞争优势或生存状态不佳，只是表明它与特定资源的相关性高。如果资源匮乏或枯竭，抑或产业集聚空间内出现了同样依赖这种资源的品牌，则会造成二者之间的完全重叠。因而，品牌的特化会导致激烈的品牌市场争夺和竞争。所以为了避免恶性竞争，品牌的泛化可以弥补品牌特化所造成的品牌生态位过窄的问题。通过生态位理论，我们也可得出如下结论：在同一品牌生态系统中，不存在两个生态位完全相同的品牌；在一个稳定发展的产业集聚品牌生态种群中，没有任何两个品牌是直接竞争者，不同或相似品牌必然进行某种空间、时间、产品特点、消费群体和市场取向等生态位的分异

和分离。

（二）品牌生态位重叠测算

有关生态位重叠的研究，是立足于自然生态系统中的物种对资源的占有视角。一般认为，同一生态系统中的两个或两个以上的物种对特定资源空间的共同利用程度称之为生态位的重叠。生态位的重叠度意味着两个或两个以上物种在同一资源空间区位上相遇的频率。由此可见，生态位重叠是导致物种之间竞争的直接原因，但系统内资源较丰富，则重叠的资源物种可以相安无事，否则就会引发剧烈的资源竞争，同时也可以导致物种进化和优胜劣汰。

在产业集聚空间中，自然资源、市场价值链和消费者群体等资源种类也是有限的，因而品牌生态系统中的不同品牌之间也会出现生态位重叠现象。这表现为同类产品或可替代产品品牌种群的发生，以及其争夺有限的各类资源而获得自身的发展。就品牌种群生态位重叠而言，可以说是两个或两个以上品牌在其与生态因子联系上的相似性，这些因子就是我们之前所论述的诸多要素的综合。关于品牌种群的生态位重叠测算，有公式如下，

$$C_{ih} = 1 - \frac{1}{2}\sum\left|\frac{N_{ij}}{N_i} - \frac{N_{hj}}{N_h}\right| \qquad (6-2)$$

在公式（6-2）中，C_{ih}：i 和 h 种品牌之间的生态位重叠指数，N_{ij}：i 种品牌在 j 资源等级中出现的数值；N_i：i 种品牌在所有资源等级中的数值；N_{hj}：h 种品牌在 j 资源等级中出现的数值；N_h：h 种品牌在所有资源等级中的数值。

与生物群落类似，重叠程度高也并不意味着竞争激烈，这与品牌的宽度、泛化和特化也有一定关系。在产业集聚品牌生态系统中，由此所形成的品牌种群是一个生态位分化了的系统，同一产业的不同品牌或可替代品牌的生态位之间通常会发生不同程度的重叠现象，但是只有品牌生态位上差异较大的物种，竞争才较缓和，物种之间趋向于相互补充，而不是直接竞争。由此也可以看出，在产业集聚品牌生态系统发展中，不断拓展资源

空间范围、开发新的品牌产品、革新技术和资源的利用率，以及充分交换信息和能量才能够避免恶性竞争，从而在整体上促进品牌种群发展，维系生态系统平衡，并推动产业集聚不断优化升级。

第二节　品牌生态位与品牌战略

产业集聚品牌生态位的测算可以通过生态位宽度和重叠度指标来衡量。生态位宽度（Niche Breadth），也称生态位广度或生态位大小。简单来说，生态位宽度就是被一个有机体单位（个体或品牌种群）所利用的各种各样不同资源的总和。这包含以下两种情况：如果资源可利用的少，则生态位宽度增加，促使生态位泛化；如果资源丰富，品牌的可选择性就大，从而生态位宽度减少，促使生态位特化。

对于生态位重叠来说同样如此：如果资源丰富且供应充足，则生态位重叠也不发生种间竞争；但若是资源贫乏，供应不足，生态位稍有重叠，即发生激烈的种间竞争。这种情况导致的严重后果可以称为竞争排斥，即所谓的生态位分异（Niche Differentiation），其含义是对环境资源的不同利用使得不同品牌同时存在于同一地方。这既可以看作是产业集聚的结果，也是产业集聚的原因。因而，生态位的宽度和重叠度对品牌种群生态系统的发展、产业集聚的研究都有着直接影响，并且会直接影响到集聚企业的品牌发展战略。

一、品牌生态位的泛化和特化

在产业集聚空间所形成的品牌种群生态系统中，单个企业品牌或两个及以上品牌所能够利用的各种自然资源、政策资源和市场资源、文化资源的综合称之为品牌生态位的宽度。它直接地表明了品牌所涵盖的现实要素和其所表达的内在禀赋。如果单个品牌的生态位宽度较大，那么该品牌以牺牲对狭窄范围内市场资源的利用能力，来换取对较大范围内市场资源利用能力的原理，称之为品牌生态位的泛化原理。也就是说，品牌的生态位越宽，品牌的泛化就越强，品牌的生态位越窄，品牌的泛化能力就越弱。特化与泛化在同一个品牌中不能同时兼有，但是对于品牌种群而言，这二者是交互在一起的。企业不可能只开发单一品牌的产品，单一品牌产品也不可能占据所有的市场资源和份额。

（一）品牌泛化与产品多样性

品牌的泛化与产品市场需求密切相关，如果市场资源、自然资源和消费群体不能够保证品牌获取足够的能量和信息，或者产品市场变化很快，那么作为在品牌生态系统中的每个具有竞争性的品牌，都有着获取资源和能量的生存压力，品牌泛化将会对品牌的生存与发展有着直接的功能。对于乳业品牌而言，自然资源是一个重要的约束，若只生产液态奶品牌产品，则有可能会因为奶源不足而无法占据更多的市场份额，那么开发奶制品相关产品就是品牌泛化的推动力之所在了。如果我们将视线只聚焦在产业集聚特定的区域范围内，如内蒙古，可以想象，特定区域内的市场资源是很有限的，市场目标顾客群规模也不是很大，产品市场容量就比较小。因此，要想使品牌得到进一步的扩展和推广，乃至成为优势和知名品牌，就必须拓展新的市场和产品线。从而可以扩展生态位的宽度，占据新的市场面，以扩大品牌产品的销售规模。

此外，品牌在泛化过程中，也就是在创造新的产品和市场中有可能会遇到风险，品牌生态位的泛化很大程度上可以对之加以规避。比如，采取进入不同产业的市场，开发针对不同顾客群体的产品品牌，甚至采取进军国外市场，赢得国外消费者的青睐等举措。生态位的泛化对品牌能力、企业技术、革新能力、人力资源和市场、文化传统的把握能力要求很高，很多龙头企业和强势品牌都采用这种策略。对于产业集聚品牌生态系统中的若干种品牌来说，对其品牌生态位的泛化则是一个较为艰巨的任务，在缺乏掌握资源和技术的情况下开展品牌泛化，是要冒一定的风险。以蒙牛产品品牌泛化为例，见图 6-1。

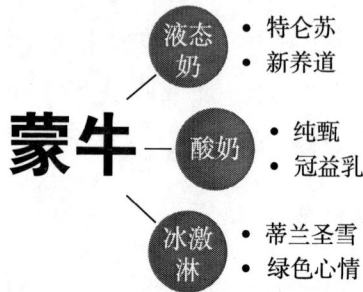

图 6 - 1　蒙牛产品品牌泛化简要示意图

（二）品牌特化与产品专业化

与泛化相对而言，品牌特化是与品牌生态位较窄有关。也就是说，在产业集聚品牌生态系统中，有龙头企业和强势品牌，也有中小企业和弱势品牌，一般而言，后者占据较窄的生态位。也就是说，它们不具有争夺资源、市场和消费者群体的优先综合能力。当一个品牌具有比较窄的生态位时，它也有着自身的优势，也就是对某些特定市场资源、利基市场和消费群体的特殊适应能力。当资源能力确保供应并可再生时，特化品牌具有特别的优势，可以深入到利基市场、亚文化和特定群体之中。

品牌生态位的特化可以直接导致两种品牌种群状况，其一是对利基市场的产品创新和占据；其二是有可能在一定条件下品牌特化可以形成局部垄断的竞争优势。比如，在郑州市，普通消费群体喝的酸奶制品基本都是本地品牌"花花牛"，而走亲访友购买的产品品牌多为伊利、蒙牛等大品牌的酸奶制品，诸如纯甄、安慕希等。在品牌消费群体市场中，"花花牛"就造成了局部垄断的竞争优势状态。当然，龙头企业和优势品牌也有局部垄断，只不过是它们的品牌泛化很大程度上弱化了垄断的表现方式。

由于品牌特化形成的垄断时间成本和资源成本较高，其他品牌难以短时间内进入市场，因而，采取品牌专业化策略对于具有特定区域品牌优势和技术专长的弱势品牌而言有着重大意义。同时，一些强势品牌也可以通过特化的方式取得规模成本和专业产品优势。品牌特化方式很多，如前所述的专注于利基市场、特殊资源领域、特定群体和文化等，这很大程度上可以归为品牌的专业化、专门化和专注性。这种情形在乳品产业集聚品牌生态系统乳业市场能够看到，如花花牛就几乎不生产纯牛奶，而主要特化其酸奶、花生奶等特化品牌。

在当前互联网和移动商务迅猛发展的情况下，政府大力提倡"互联网＋"发展模式。对于企业而言，互联网既是一种营销手段和渠道，也是品牌宣传的良好方式，同时也为企业开辟新的产品品牌提供了相应的技术和文化模式。❶很多乳业品牌开辟了"互联网＋牛奶"或"牛奶＋互联网"营销和产品品牌拓展渠道。但是，蒙牛企业更进一步，不只是将之作为产品的营销渠道之一，而是依托于互联网政策、技术和特点，专门开发了只在网上销售的"嗨 Milk"互联网牛奶。这是依托于当前技术和文化的转变，而有针对性的品牌特化的举措。

二、品牌生态位重叠与品牌竞争战略

所谓品牌生态位重叠，是指两个或两个以上生态位相似的物种生活在同一时空时分享或竞争共同资源的现象。是一种品牌在自然资源、市场资源中所处的位置和所利用的资源和能量存在交叉的状态。当然，由于生态位的多维度特性，品牌生态位重叠也是一个多向度的概念，既可以是品牌种群生态中两个或两个以上的品牌在品牌生态位上或市场资源方面的重叠，也可能是多个同一产业品牌在环境、技术、品牌价值创造等方面的重叠。因此，当两个或两个以上品牌利用同一自然资源、市场顾客资源和文化资源时，在处于同一市场位置、共同占有环境变量、创造共同的品牌价值、呈现相似的品牌社会表现等情况下，就会出现品牌之间的生态位重叠现象。品牌生态位重叠包括生态位完全重叠和生态位部分重叠两种情况，当两个或两个以上品牌的生态位在某一维度有完全相同的生态位时，就会出现排他性的恶性竞争。当两个或以上品牌的生态位在特定维度只发生部分重叠时，会出现部分竞争性的排他现象。对于产业集聚品牌生态种群中的诸多品牌产品而言，如何规避品牌生态位完全重叠现象，且运用品牌生

---

❶ 赵红. 品牌生态位理论在互联网品牌测评中的应用 [J]. 同济大学学报，2008（11）：1589.

态位部分重叠来激励其成长，是中小品牌争取市场地位和获得成长需要重点思考的内容。品牌生态位重叠关系如图 6-2 所示，图中简要地表示了生态位重叠的情况，也就是说在同一空间集聚区域，存在着多种品牌，有可能两种品牌之间存在重叠，也有可能多种品牌之间都存在这生态位重叠的状况。

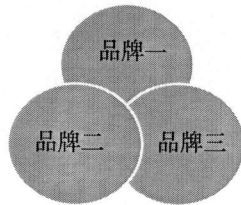

图 6-2   品牌生态位重叠示意图

产业集聚品牌生态系统中，诸多品牌在成长过程中必然会与其他品牌在生态位上产生相似或雷同的方面，如乳业品牌在成长的理念、品牌价值创造主题、品牌目标市场定位、品牌成长的营销策略、品牌成长的技术水平等方面的相似性必然会导致同为乳业品牌的各种品牌，与其他品牌在品牌生态位上产生竞争或者合作的现象。在品牌产品同质、争取目标顾客相同时，排他性竞争就会非常激烈。在一般情况下，两个品牌不可能具有完全相同的生态位，因而排他性竞争只发生在某些市场环节或特定场景，而在其他一些方面则可能相容并处于竞合状态。从品牌生态位重叠原理可知，产业集聚品牌成长过程中必然会在品牌生态系统中与其他品牌在某些维度形成竞争或合作的关系。

同样，从战略视角来看，产业集聚品牌的成长也离不开对竞争品牌的关注以及与合作品牌的协同。一方面，竞争品牌越多，说明产业集聚品牌与其竞争品牌之间的品牌能力越接近，这就迫使优势品牌或龙头企业必须提升其生产能力、品牌创新能力、市场运作能力等，从而促进产业集聚品牌生态系统成长；另一方面，合作品牌越多，说明产业集聚品牌与生态位上部分重叠的其他企业品牌之间形成良好的信任关系，有利于产业集聚品牌在稳定的品牌生态系统结构中优势成长。基于上述分析，产业集聚品牌在制定品牌战略时，一定要高度关注主要竞争品牌的战略动向，尽可能不要在主要生态位维度上与强势品牌展开正面竞争，但要与竞争品牌具有一定的生态位重叠，以便保持品牌的高效率运作，并且要关注合作品牌的发展计划，以便保持良好的品牌信任关系，形成良好的品牌成长网络环境。

生态位重叠问题涉及对产业集聚和产业集群这两个不同概念的定义与阐释。前者是指同一产业的不同企业的空间集聚，由此形成了品牌间性关系和品牌生态位对资源的占有和利用；后者是指相关产业和品牌所形成的群落，不同品牌之间有互补的情况。所以品牌生态位的重叠在产业集聚空间范围内表现得更为典型。❶ 在内蒙古聚集了大量的乳品企业，无论是资源、市场、消费者还是政府政策，都出现了很大程度的生态位重叠问题。所以，同一产业集聚造成竞争不可避免。但是，如果造成了恶性竞争，就会对整个产业集聚产生破坏性影响，从而不利于整个行业的发展。

从国家间的竞争来看，同一产业品牌之间无不存在着生态位重叠的问题，如果产品品牌的理念、品质、市场和顾客目标接近或者趋向同质化，商战就不可避免。因而，在竞争中，如何壮大自身的品牌竞争力，更多需要关注产业集聚品牌生态系统的协同进化问题。这就要求生态位重叠的相关品牌采取品牌进化的策略，应当协同进化而不是互相拆台，实现协同进化很重要的步骤就是品牌生态位的分离和品牌差异化战略。

三、品牌生态位分离与品牌差异化

在产业集聚品牌生态种群中，品牌生态位重叠是不可避免的现象，而且会对产业集聚造成负面的效应。因而，依托自然生态系统隐喻，品牌生态位重叠原理对应的是品牌生态位分离原理，这就是品牌在发展、演变和进化过程中逐步分离和生态位转移的过程。根据品牌生态位排他性竞争原理，由于资源短缺和市场有限所致，同一品牌或弱势品牌必然会根据环境资源、市场能力、顾客群体以及战略目标等选择竞争或退出，从而产生了

---

❶ 赵红，王焱，谢琳灿. 生态智慧型企业成长与品牌重叠测评仿生研究 [M]. 北京：知识产权出版社，2012：99.

品牌生态位的变化与转移，这种变化和转移可能是局部的也可能是整体的，将这种品牌生态位分化机制称为品牌生态位分离原理。● 因而，我们认识到，品牌生态位分离与竞争之间存在密切的反作用关系，当品牌生态位高度分离时，其品牌之间几乎不存在竞争，反之亦然，当品牌生态位几乎完全重叠时，就会发生严重竞争。

因此，对产业集聚品牌种群中的弱势品牌成长，或者对于优势品牌的市场占有率和资源使用率的增加而言，都可以采用差异化成长战略，利用生态位分离原理，将品牌维度进行细分，使不同类型的品牌或同一类型的品牌可以借助于分离而寻找到合适的生态位成长维度。差异化可通过在产品功能、目标顾客群、地域、价格定位等主要生态位维度上的不同加以体现。如图6-3所示，通过差异化成长战略，使得弱势品牌在品牌生态系统中与大品牌生态位相分离，在避免面对面的恶性竞争的同时创造自身的品牌个性，开创新的品牌价值。同时，差异化战略也可以使优势品牌不断扩大市场细分领域的品牌空间，从而避免了恶性竞争而两败俱伤。纵观我国乳品产业集聚品牌的差异化过程，就可以发现这个特点。

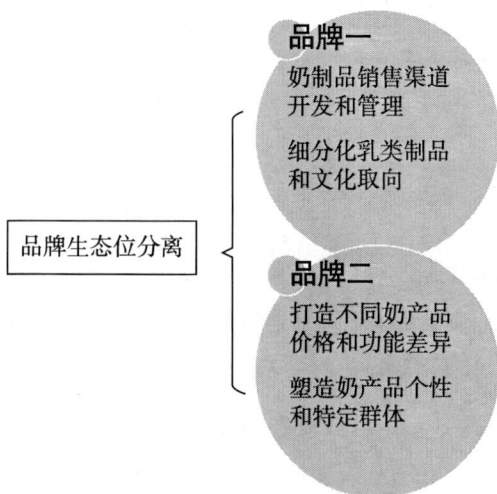

图6-3　品牌生态位分离示意图

● 王启万. 品牌生态位要素结构维度实证研究 [J]. 现代经济探讨，2011 (8)：37.

　　产业集聚在品牌差异化的过程中也在不断变迁，形成新的品牌生态系统关系和品牌种群结构，这几个方面是交互在一起的。因而，产业集聚在时空中的缓慢演进或者因技术而导致的急剧变革，都会影响产业集聚的品牌生态位在成长过程发生相应的变化，从而引起其生态位的动态变化。品牌生态位的动态变化短期表现在品牌规模变化中，而长期则表现在品牌演化过程中，如短期由于竞争而发生的品牌生态位的缩放变化与迁移现象以及长期品牌生态位发生的根本变化，都是品牌生态位动态原理机制所致。

　　品牌生态位动态变化原理与产业集聚空间品牌生态位的动态性特征不谋而合，启示了产业集聚品牌应随着品牌成长时间、品牌目标市场、品牌自身能力的变化而对其生态位进行创新。品牌创新的内容及时机应以是否提高品牌竞争力为基本衡量标准。产业集聚空间中的弱势品牌创新的内容提炼可以从品牌核心价值的定位、品牌技术技能的提升、品牌与消费者沟通方法的改进等方面着手，在实现竞争力较弱的品牌创新成长的同时把握良好的"品牌—消费者"关系，强化消费者对弱势品牌的认知和消费忠诚度。产业集聚弱势品牌创新的时机可以通过其品牌生态位的重叠与分离、生态位缩放、品牌特化及泛化等现状进行重新设计与改变，实现品牌成长的根本目的。

　　对于产业集聚品牌生态系统中的龙头企业和优势品牌来说，差异化战略仍不失为一个延展品牌生态位宽度和广度，避免同类产品恶性竞争的重要选择路径。首先，差异化战略是打造新的产品品牌，发掘新的市场需求和潜在消费顾客，这就要求优势品牌能够细分出与之相关，且更适合小众的产品品牌，对品牌的定位不能大而全，而是小而精，从而可以满足人数相对较少但需求量大的顾客群体，并由此形成自身特有的品牌文化；其次，差异化战略可以开辟新的价值链实现路径，比如当前日趋普及的支付模式、体验购物、文化消费等，这要求相应的技术革新与支持，也是在新的技术条件下，拓宽了生态系统的环境和资源涵有量。

　　从多种渠道、模式和产品的角度对生态位进行分异和拓展，可以在更大程度上提升品牌的知名度，从而维护品牌作为企业无形资产的价值。这是一个系统的发展历程，如果每个品牌的生态位宽度都足够的话，完全重叠的可能性就会很小，彼此发展的空间就大大增加。从产业集聚的视角来看，集聚的结果大大提升了集聚产业的生命力和技术革新能力、资源利用率和有效配置；反过来，品牌生态系统处于良性发展的演进过程中，这实际上就是品牌生态系统有序演进和发展所要求的品牌间性的协同进化过程。

第三节　产业集聚品牌生态系统的协同进化

众所周知，品牌生态系统依托于自然生态系统隐喻，同样，品牌生态系统协同进化也有着协同学（Synergetic）的理论基础。协同学是研究复杂的开放系统内各子系统如何协同合作的理论，它研究一个开放系统从混沌无序状态向有序状态、从低级有序向高级有序转化的机理、条件和规律。德国物理学家 Haken 认为，不仅平衡态而且非平衡态在一定条件下，都可以从无序到有序。在一定内外部环境条件下，子系统间通过非线性作用，产生协同现象和相干效应，使系统形成有一定功能的时空模式的自组织结构。[1] 品牌生态系统可谓是协同进化系统的典型自组织结构，不仅体现在生态系统中的品牌间性关系，也体现在品牌生态系统的诸多要素和资源之间的协同和相干效应。

一、品牌协同进化的概念和主体

根据学者们研究，所谓系统协同进化，是指一个系统中某一个或几个组成部分的属性为了适应系统的其他部分属性的进化而共同演进，同时，系统其他部分由于回应这种进化而得到进化，最终导致系统走向更高级的有序的现象。系统协同进化观念有如下三个方面：其一，构成系统的个体必须具有自我调整和适应性的主体，具有生命特征及复杂性特征；其二，系统协同进化是建立在生物进化论、生物体自组织理论、复杂适应系统 CAS（Complex Adaptive System）理论基础上的跨学科综合性理论；其三，系统协同进化所说的进化是一种广义上的进化观，既涵盖了自然生态系统中生物学意义上的

---

[1]　熊爱华. 品牌生态系统协同进化研究 [M]. 北京：经济科学出版社，2012：123.

生物个体和种群的进化，也包括社会生态系统中的有目的的自我完善的演化过程。

（一）品牌生态系统的协同进化

品牌生态系统的协同进化与自然生态系统系统进化类似，同样遵从协同学的基本原理和特点。所谓品牌生态系统协同进化，是指品牌生态系统中某一个品牌或几个品牌、与品牌相关的政府政策、市场资源环境和企业品牌战略、品牌文化等属性为了适应产业集聚和系统中其他部分属性的进化而进化，同时品牌生态系统中其他部分也由于回应这种进化而不断进化，最终导致品牌生态系统日趋高级复杂而有序的社会现象。

由于产业集聚所形成的品牌生态系统继而构成了品牌种群系统，其中的品牌间性关系总的可以有如下两大类：其一，是负相互作用关系，诸如本书之前所述的恶性竞争、兼并、搭便车等现象。品牌间性负相互作用会对品牌生态系统造成退化而非进化，进而影响到产业集聚区的整个产业发展。因而，无论是品牌的宽度抑或重叠度，都应当是处于协同的状态而非相互倾轧。其二，是正相互作用关系，也就是说，某个品牌或多个品牌的发展会起到彼此带动的作用，这可以是良性的竞争、重叠度的减弱、品牌差异化战略和市场容量扩大等。正相互作用包括偏利共生和互利共生等，而不是单纯的搭便车式的有害寄生。

在自然生物生态系统中，有一个基本的原理，亦即在生态系统的进化过程中，负相互作用日趋减弱，而正相互作用逐渐增强，从而可以使得不同物种之间获得生存的空间。在品牌生态系统中同样如此，即要素补偿效应。要素补偿效应是指品牌间通过资源、能量和信息的相互调适来共同适应环境的变迁，这个机制和过程就是本书之前所论述的品牌的泛化、特化以及差异化等表现出的功能互补和替代效应。

协同进化的首要立足点是作为主体的个体企业和品牌，而后扩展到品牌间性、品牌生态系统。这个进程也就是产业集聚发展的进程，二者具有历史和逻辑发展的一致性。总的来说，品牌间协同进化是从产业集聚初级开始，然后不断升级，从交互关系的简单到复杂、竞争的平缓到激烈、再到维系较为平衡的状态。❶ 品牌生态系统进化不完全类似自然生态系统，它有着人的目的和意志，不是自然的盲目的进程，因而，社会思想文化和政策主导也会对品牌生态进化和产业集聚演进产生直接的影响。品牌生态系统进化实质上包含了系统中的诸多要素及其交互模式，它们一同为生存而不断的调试自身与周围环境的关系。

（二）协同进化的相关主体

品牌生态系统协同进化是一个综合的系统过程，其中必然涉及诸多品牌物种的共同进化，这就是需要类分出协同进化的相关主体。产业集聚品牌生态系统协同进化的主体有狭义和广义之分，狭义的主体是指系统内的各品牌企业，包括品牌生产企业、供应商、中间商、最终顾客和竞争者。广义的主体除了品牌企业以外，还包括行业组织、金融机构、中介机构、科研院校、政府、社会公众等所有能对集聚企业品牌协同进化产生影响的利益相关者。本书采用广义的主体构成，并将其分为三大类：一类是以品牌生产企业为核心，由供应链上相关企业组成的企业群体，包括品牌生产企业、供应商、中间商、竞争企业和互补企业；另一类是为企业群体提供各种服务的机构，包括金融机构、中介机构、科研院校、行会组织和政府等；还有一类是社会和市场文化影响下的品牌自身的禀赋、内涵、个性和文化因子也处在不断的进化之中，从而使品牌的认同、文化承载力和适应力不断扩展，以取得更大的竞争力。

产业集聚品牌生态系统协同进化的主体之间广泛联系、共栖共荣并与环境之间密切联系，品牌生态系统的进化正是这些主体共同作用的结果。但是，不同主体在系统中的地位和作用不同、利益诉求不同、相互之间的关系不同，因此对系统协同进化产生的影响也不同，关键企业或龙头企业及其优势品牌文化、个性和基因的进化会影响到其他主体和整个系统的进化方向，因此发挥关键主体在协同进化中的作用至关重要。产业集聚品牌生态系统协同进化的群体要素包括如下几个方面。

---

❶ 殷春红. 品牌生态系统复杂适应性及协同进化研究［D］. 天津：天津大学，2005.

1. 品牌企业

品牌企业是产业集聚品牌生态系统协同进化最直接的主体，包括品牌生产企业、供应商、中间商、竞争企业、互补企业等。在产业集聚背景下，品牌之间不再是孤立发展，而是既相互竞争又相互合作的协同进化。

品牌生产企业是产业集聚品牌生态系统协同进化的核心。品牌生产企业除了提供品牌产品、做好自身的品牌经营外，还要将与其他企业及其环境的协同发展纳入到战略架构中。企业在制定品牌战略时，要树立协同进化意识，充分考虑集聚环境和品牌生态系统种群内其他品牌主体的特点和能力，在技术、知识、信息等方面共享与合作，也可以与其他企业在资源、市场等方面开展竞争，促进系统成员的共同进化。

品牌生产企业与竞争者之间使用相同的资源和市场，竞争不可避免。但是品牌生产企业与竞争对手之间的竞争不是恶性竞争，而是在遵守竞争规则下的良性竞争。适度的竞争可以促使双方不断创新，促进品牌的差异化，从而扩大整个行业的生态空间。双方在竞争的同时，还可以在竞争激烈的领域或竞争的薄弱环节开展合作，最终实现共同进化。

2. 企业品牌服务机构

政府是产业集聚品牌生态系统的重要组成部分，在产业集聚品牌生态系统协同进化中发挥着重要作用。政府为集聚企业品牌的培育提供政策支持和法律保障；为企业品牌战略的制定和实施提供信息服务，降低企业品牌决策的失误；为企业品牌发展提供良好的硬件环境和软件环境。

金融机构、中介机构、科研院校、行会组织等为企业品牌的发展提供各类服务，包括广告、运输等商业服务；会计师事务所、咨询公司等中介服务；银行、保险等金融服务；人才培养和再培训等人才服务。

传媒，尤其是新兴的互联网和各种移动终端等新媒体，是集聚企业品牌信息传播的重要渠道，是企业品牌宣传和推广的主要途径。企业应充分利用广播、电视、报纸、杂志、网络等媒体来扩大品牌影响，提高品牌知名度和美誉度。

3. 文化要素

产业集聚区的文化传统和消费者认知偏好、社会习俗、宗教信仰以及生活方式等，都会对品牌的进化产生影响。对于龙头企业和优势品牌而言，它也可以反过来影响到当地的特定产品的文化发展。相关研究显示，内蒙古高原是乳的发源地，千百年来，从天然禀赋、民风民俗、饮食习惯等方面，内蒙古高原地区有着食用乳制品的传统，在蒙古族的传统食物中有"红食"和"白食"之分，"红食"通指牛、羊肉，而"白食"则特指各类乳制品，当然包括牛、羊甚至马、驼的乳类制品，各类乳品种类繁多，制作工业和方法多用古法，在日常生活及大众食谱中占有极其重要的地位，在重大节庆或"那达慕大会"充当奖品，在重要的宗教祭祀活动中作为献祭的祭品，在社会习俗、宗教信仰和日常生活中都扮演者极其重要的角色。另外，集聚所在地区的一些社会团体、居民等也会对集聚企业品牌进化产生一定影响。

二、产业集聚品牌生态系统协同进化的层级和动因

（一）进化的层级

品牌生态系统进化是一个协同发展的过程，但是也可以分出进化的层级，层级不是指进化的阶段性，如低级阶段、高级阶段、复杂阶段等，而是指品牌生态系统中的不同结构因子和要素的进化，可以分为个体品牌的进化、品牌共生、品牌种群系统进化等。这样就能够比较清晰的论述品牌生态系统进化的层面，并将之与产业集聚的演进阶段相对应。

1. 个体品牌进化

个体品牌犹如生物个体，其进化过程表现为繁殖或分裂，从而促进种群的不断扩大。诸如细菌的分裂过程、哺乳动物的繁殖过程都可谓是进化的一部分，在这个过程中新产生的个体会舍弃不适应环境系统的因子，保留下来更能适应环境的功能。实际上，个体品牌进化可以通过品牌特化和泛化来表示，意指从同一品牌中延伸出许多基因承接但功能类别不同的产

品品牌。诸如苹果作为一个产品品牌，从其单一的手机产品品牌，延伸到苹果手表品牌、平板电脑品牌等。这实际上是对环境和市场资源不断适应和进化的过程。

2. 品牌间共生性进化

共生性进化涉及品牌间性的问题，例如蒙牛和伊利，其中一个品牌的环境适应和进化方向直接受到另外一个品牌的影响。在品牌群落生态系统中，品牌间共生性关系很好理解，比如蒙牛的液态奶与利乐包装生产商之间就是品牌间共生性关系。但是产业集聚品牌生态系统主要论述的是同一品牌，那么这种共生性关系就体现在品牌生态位的重叠之中。众所周知，生态位重叠会导致激烈的竞争，甚至两败俱伤。但是生态位重叠同样会促进品牌物种间的泛化和特化，从而促进品牌不断的进化。如果只是单纯的互补性品牌间性关系，难以促进产业具有长久的生命力和创新性。由此更进一步，就进入到协同进化的系统层级了，即品牌种群的协同进化。

3. 品牌种群协同进化

品牌种群内部的协同进化是指同一产业的产品品牌与其他同类型的产品品牌之间的共生性关系状态下的演进。也就是说，共生性关系不是寄生性的，也不是单纯的、互补性的，而是竞争—促进关系。如果在自然界生物争论中，同一个物种种群中只有狮子这一单物种生物，没有其他共生物种的存在，恐怕狮子这一物种也是不可能得以进化的。因而，品牌种群的协同进化包含了系统中的所有品牌，诸多因子和要素，但从品牌物种本身而言，品牌间性的共生关系促进了品牌生态系统的共同进化。品牌生态系统进化关系如图6-4所示。

（二）进化的动因

1. 政府的引导

产业集聚品牌生态系统的资源可分为两类：系统的公共资源和品牌企业拥有的资源。公共资源包括公共设施、政府的公共服务、产业集群品牌等。集聚企业通过共同使用公共设施和政府的公共服务，可以节省自身的

个体品牌
进化

品牌间共同
进化

品牌种群
协同进化

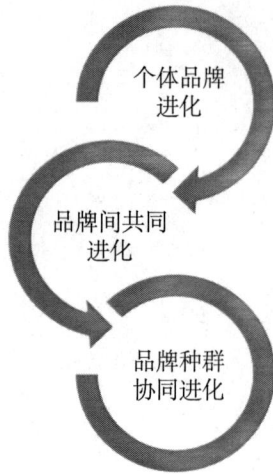

图 6 - 4　品牌生态系统进化示意图

投资，提高资源利用效率。集群企业通过共享集群品牌和形象以提升自身品牌和形象及竞争力。不同企业拥有的资源不同，这是品牌企业之间资源共享的基础。品牌企业之间可以通过各种有偿或无偿的形式，实现资源共享、优势互补。这个过程中很难自发形成有序的资源共享和充分利用，而要靠政府政策的引导和共享平台的搭建。

在产业集聚品牌生态系统的协同进化过程中，地方政府在产业集聚品牌生态系统协同进化中应发挥重要的推动作用。地方政府应重视营造产业集聚品牌生态系统协同进化的环境，通过政策法规引导、促进企业品牌培育、基础设施建设来不断完善品牌成长的环境要素。

2. 环境选择的压力

系统的发展总是由低级到高级、简单到复杂，对于产业集聚品牌生态系统也不例外。因而，随着社会经济交往的发展，产业集聚品牌生态系统面临着更加复杂多变的外部环境：品牌生态系统之间的竞争、市场需求的变化、现有品牌的竞争、潜在竞争品牌的加入、替代品牌的出现、政府政策的限制、科技发展的日新月异、生产要素的短缺、消费者需求偏好的变化等。在众多环境因素的压力下，任何企业品牌都不能单纯依靠自身的资源和能力获得持续发展，而是要借助其他品牌的资源优势来弥补自身资源的不足，产业集聚品牌生态系统提供了这种可能。它通过协同进化的方式将不同品牌的优势整合到系统中来，共同应对复杂多变的外部环境。通过协同进化，系统要素之间的负相互作用不断减少，正向相互作用不断增强，从而缓解品牌的生存压力。由于存在生态因子的补偿效应和替代效应，品牌个体和品牌种群之间可以通过功能的互补作用和替代作用实现协同进化。❶

3. 市场效应的拉力

产业集聚品牌生态系统协同进化能产生一系列市场效应。在产业集聚品牌生态系统中，围绕某一主导品牌进行的专业化分工协作有利于降低生产成本，提高劳动效率；品牌集聚促进了配套产业的集中，有利于品牌产品的配套生产；品牌聚集往往带来劳动力，尤其是高层次人才的聚集，为企业品牌的发展提人力资源保障；品牌集聚也吸引了营销服务、法律服务、金融服务、物流服务、教育服务等一系列专业服务机构的聚集，为集群企业品牌的发展提供有力支撑；品牌集聚有利于获得政府及其他公共机构的投资，可以在基础设施等公共物品上降低成本；品牌集聚有利于专业知识的传播和扩散，尤其有利于那些"只可意会，不可言传"的隐性知识的传播，从而促进企业的技术创新；系统中的知名企业和知名品牌对系统中的其他品牌具有宣传作用，名牌产品之间也会相互烘托、相映生辉，产业集聚品牌也会提升企业品牌的价值。上述市场效应激发了系统成员协同进化的动机，促进了产业集聚品牌生态系统的协同进化。

4. 自身发展的动力

品牌生态系统协同进化的根本动因在于利益——系统成员能获得非系统成员所无法获得的更大的利益。对于竞争者而言，可以通过与品牌生产企业合作，共同拓展市场，在市场细分的基础上找准自己的生态位，从协同竞争中获益；对于消费者而言，可以从繁荣的市场中容易地获得所需要的、质优价廉的产品和服务；对于各种服务组织而言，可以通过为品牌生

---

❶　杨保军. 品牌进化生态因子研究［J］. 商业时代，2010（18）：32.

产企业提供服务而盈利。产业集聚品牌生态系统协同进化的目的是在系统可持续发展的前提下，使各品牌主体能够获得较高的利益。

另外，资源的有限性也是促成协同进化的主要原因。资源不足是制约集群企业品牌发展的一个关键因素，资源共享就成为产业集群品牌生态系统协同进化的主要动因之一。在产业集聚品牌生态系统中，众多相关品牌聚集在一起，由于产业的相关性和地理的接近性，集聚企业品牌之间可以实现资源共享、优势互补，克服单个品牌资源不足的缺陷。更重要的是通过将不同品牌所拥有的资源进行重新组合和优化配置，还能创造出新的资源，这种既稀缺又难以模仿的资源有助于企业品牌获得竞争优势。

5. 维护系统的稳定

从生物学角度来看，生物之间的协同进化有利于增强系统的稳定性，而稳定有序的生态系统是生物存在和成长的前提和基础。同理，产业集聚品牌生态系统的协同进化也有利于系统的发展和稳定，从而为系统成员提供良好的发展环境。协同进化能使更多的企业品牌共存于品牌生态系统之中，有利于企业品牌之间资源共享，有利于增强系统的有序性，从而保证系统的稳定性。如果企业品牌之间长期进行恶性竞争，企业品牌之间就会长期保持一种强烈的消极关系，不仅有碍于系统有序性的形成，甚至可能会使系统分崩离析甚至灭亡。

三、产业集聚品牌生态系统协同进化的模式和效应

（一）协同进化的品牌间性关系模式

乳品行业的发展是离不开全产业链中包括牧草培育、奶牛养殖、机械加工、技术创新、产品销售、资源合作、资本运营等多个环节的组合推进，通过合力效应，不断加大资源整合、优势互补以及战略协同合作力度。在未来，创新、效率、合作、共赢是乳品行业发展的大势所趋，发挥各企业、品牌间的互补优势和协同价值有着深远的意义。规范和引

导各企业、企业品牌在落地区域的行业发展战略及优势资源结合，为推动企业和品牌协同进化模式构建提供了各种现实可行性。根据生态学关于种群间关系的分析，品牌种群生态系统中的品牌间性关系可以分为如下几类。

1. 竞争关系模式

这一模式是不言而喻的，尤其是对于同类品牌间性关系而言更是如此，比如蒙牛的特仑苏和伊利的金典。但是同类品牌间又包含了相互反馈的协同进化。同类品牌物种竞争的普遍因素有市场资源、顾客群体、政策导向和文化因子等生态要素。如今，乳品企业的竞争战场已经不仅仅存在于传统通路，其战火已然烧到了电商运营平台。蒙牛、伊利等企业率先触网，与各大网商展开全面合作，在乳粉企业中，雀巢和美赞臣也全线进入电商。2016 年 1 月 19 日，雀巢与阿里巴巴确立了战略合作关系，双方的合作包括雀巢产品的线上销售、品牌建设、跨境电商销售和农村市场开拓等方面，雀巢将把"天猫"作为其在中国大陆新品首发的平台，并在部分广告中加入阿里巴巴的元素，以提升品牌号召力。紧接着，在 2016 年 1 月 21 日，美赞臣与京东签署了战略合作协议，这也是顺应母婴市场电商化、社交化的趋势，在消费者互动活动、社会化电商新渠道、高端产品供给和品牌交互方面联合发力。

2. 互利共生模式

这一模式也可称之为共栖模式。除却同类品牌的竞争关系，品牌生态系统中也有一种共生关系是两个品牌物种之间的共生关系。这是指两个或以上品牌之间，其中有一个或多个品牌与其他品牌是共栖关系，这种关系是单向度的，也就是说其中一个是寄主，另外一个是共生品牌。如在呼和浩特盛乐工业园区，蒙牛的产业牵引力对乳品产业链相关产业形态有相当的吸附作用，在园区内，一些乳业产业配套的品牌企业纷至沓来，例如，在乳品产业链流通供给方面建立起的利乐包装、纷美包装公司，为奶牛提供饲料的动物饲料品牌企业，兽药企业，还有一些物流企业等。这些上下游的产业链企业品牌之间的关系就是较为典型的互利共生关系。

3. 投资、兼并模式

任何一个产业集聚和品牌生态系统中，尤其是社会组织中，发生兼并是常有的事情。而且对于品牌生态系统协同进化和产业集聚规模的发展，兼并都是不可少的进化行为和商业模式。近几年，在中国乳业界掀起了投资并购的风潮，2011 年，澳优通过股权交换和现金的方式，收购了荷兰海普诺凯（Hyproca Dairy Group）51% 的股权，这一收购举措不仅使澳优在欧洲有了稳定的生产基地和优质奶源，更使澳优从牧场、奶源、研发、生产工艺等方面整体嫁接了海普诺凯的质量体系和行业技术经验，同时也进一步提升了生产运营能力和品牌力。2013 年 7 月，澳优增持海普诺凯股份比例至 100%，实现全面控股。国内乳企中，伊利、飞鹤、雅士利、贝因美、合生元、圣元、澳优 7 大奶粉品牌通过直接投资、股权交易、兼并重组等方式完成了海外布局，也是中国乳业品牌走出去战略的重要举措。

（二）协同进化的效应

产业集聚品牌生态系统协同进化能使系统中的人才、技术、资金、资源和文化等要素得到充分利用，使供应、生产、销售、服务、研发等子系统的功能得到较充分地发挥，使品牌种群与环境之间的物质、信息和能量得到较充分地流动，从而产生一系列惠及系统成员的协同进化效应。产业集聚与品牌生态系统协同发展关系如图 6 - 5 所示。

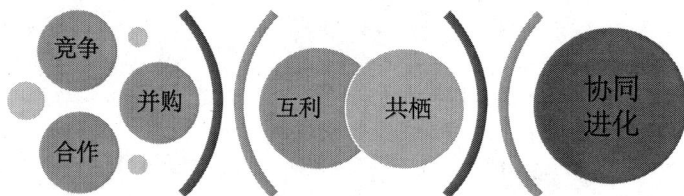

图 6 - 5　产业集聚与品牌生态系统协同发展示意图

1. 协同效应

产业集聚品牌生态系统协同进化能够产生一系列协同效应：①采购协同效应。系统中的企业通过大规模的联合采购，能够提高对供应商的议价能力，大大降低采购成本；②销售协同效应。系统中的品牌之间可以通过共用分销渠道、仓储运输、客户资源、服务网络以及联合促销等手段降低营销成本；③生产协同效应。系统中的品牌通过共享原材料、生产设备、生产技术，或者通过专业化分工协作而获得生产协同效应；④技术协同效应。即品牌之间通过共享生产技术或联合开发新技术、新产品来降低技术开发费用，分散新产品开发风险，从而获得技术协同效应；⑤管理协同效应。即通过共享管理经验和专门技能来降低管理费用；⑥人力资源协同效应。即通过充分利用品牌集聚所带来了劳动力集聚，尤其是高层次的技术、管理、营销等人才的集聚优势，获取所需要的人力资源；⑦资金协同效应。即通过利用品牌集聚所带来的较充足的资金资源，满足品牌经营发展的需要。

2. 竞合效应

产业集聚品牌生态系统协同进化主要有竞争与合作两种方式，都可以促进系统成员和整个系统的进化。同类品牌的聚集导致激烈竞争，竞争既给品牌带来压力，也给品牌带来成长的动力。竞争迫使企业不断降低成本，竞争激励企业不断进行技术创新、不断开发新产品，竞争激励企业创建自主品牌，竞争的结果是产业集聚品牌生态系统中的品牌比那些散落在各地的品牌更具有竞争优势，更容易通过竞争进入行业的前沿地带。但是，过度竞争会导致品牌经营条件的恶化而阻碍品牌发展。因此，互利合作对于企业品牌的发展至关重要。系统中的品牌通过互利合作，可以实现资源共享和优势互补，实现系统整体利益最大化。竞争与合作是辩证统一关系，竞争是促进品牌创新发展的动力，而合作则可以成为品牌创新发展的一种途径和手段。品牌之间既竞争又合作，品牌在竞争与合作中协同进化。

3. 创新效应

产业集聚品牌生态系统具有协同创新所需要的组织架构、产业文化基础、技术创新与扩散的内在机制和协同创新的氛围，有利于技术的创新与扩散。系统中大量同类品牌的集聚导致品牌生态位的重叠，从而引发激烈的竞争，竞争的压力迫使企业不断开发新产品，实现品牌差异化；地理位置的邻近会使企业受到隐形的竞争压力，迫使企业不断进行创新；由于地理邻近，企业之间既相互竞争，又相互学习，有利于形成协同创新的氛围；由于地理邻近，企业之间信任度高，有利于形成稳定的创新环境；由于地理邻近，便于企业之间的创新与创新扩散；由于地理邻近，有利于隐性知识的交流与传播。❶ 此外，产业集群品牌生态系统的发展壮大也吸引了大量研究单位、教育培训机构、技术开发机构的入驻，为企业的协同创新提供了有力的支撑。

4. 绿洲效应

绿洲效应又称集聚效应，是指各种产业和经济活动在空间上的集中而产生的经济效果以及吸引经济活动向该区域靠近的向心力。产业集聚品牌生态系统的协同进化能够形成集聚效应。系统中的品牌之间由于具有产业相关性和地理接近性，容易形成相互依存、共同进化的关系。它们之间相互学习的效率较高，对外界的反应速度也较快，品牌企业之间相互支援的程度也大，因此提高了彼此对资源的利用效率，加快了彼此的成长速度，最终提高了品牌种群的整体实力和抗风险能力。同类品牌或相关品牌在地理上的集聚，加速了群内品牌的成长，也吸引了外来品牌的不断入驻，同时，供应商、经销商、各类服务机构也不断加入，品牌生态系统的实力进一步增强，品牌生态系统的累积效应和吸聚效应更强，最终实现产业集聚品牌生态系统良性循环发展和产业集聚规模的日益扩大。

---

❶ 殷广卫. 新经济地理学视角下的产业集聚机制研究［M］. 上海：上海世纪出版集团，2011：218.

参考文献

英文参考书目

[1] Ohlin B. . Interregional and International Trade [M]. Cambridge：Harvard University press, 1968：89 – 92.

[2] Schumpeter J. . The Theory of Economic Development [M]. Cambridge；Harvard University Press, 1912：5 – 11.

[3] Aaker D. . Managing Brand Equite：Capitalizing On the Value of a Brand Name [M]. New York：Free Press, 1991.

[4] David A. Aaker. Building strong brands [M]. New York：Free Press, 1996.

[5] Interbrand. World's Greatest Brands [M]. London：Macmillan Press Ltd. , 1996.

[6] Doherty N. A. . Integrated Risk Management [M]. New York：The McGraw-Hills Company Inc. , 2003.

[7] Ambler T. . Need-to-know-Marketing [M]. London：Century Business, 1992.

[8] C. Arthur, Williams Jr. , Richard M. Heins. Risk Management and Insurance [M]. New York：McGraw-Hill Company Inc. , 1989.

[9] Macrcac C. . The Brand Chartering Handbook [M]. New York：Addison-Wesley Publishing Company, 1996.

[10] Upsliaw. Building Brand Identity [M]. New York：John Wiley&Sona

Inc. , 1995.

[11] Williams C. A. , Heine R. M. . Risk Management and Insurance [M]. New York: Mc Graw-Hill, 1993.

[12] Lesage J. P. . A spatial econometric examination of China's economic growth [J]. Geographic Information Sciences, 1999, 5 (2): 143 –153.

[13] Colwell R. K. , Futuyma D. J. . On the measurement of niche breathe and overlap [J]. Ecology, 1971, 52 (1): 567 –576.

[14] Donald R. Lehmann, Yigang Pan. Context Effects-New Brand Entry and Consideration Sets [J]. Journal of Marketing Research, 1994, 31 (3): 364 –374.

[15] Dyson, Paul, Andy Farr, Nigel S. Hopis. Understanding-Measuring and Using Brand Equity [J]. Journal of Advertising Research, 1996, 36 (6):9 –21.

[16] Ehrenberg, Andrew S. C. . New Brands and the Existing Market [J]. Journal of the Market Research Society, 1991, 33 (4): 285 –299.

[17] Einwiller S. , Will M. . Towards an integrated approach to corporate branding-an empirical study [J]. Corporate Communications, 2002, 7 (2): 100 –109.

[18] Gabor Peli. The Niche Hiker's Guide to Population Ecology: A Logical Reconstruction of organization Ecology Niche Theory [J]. Sociological Methodology, 1997, 27 (1): 1 –46.

[19] Judith Langer. What consumers wish brand managers knew [J]. Journal of Advertising Research. 1997, 37 (11 –12): 60 –65.

[20] Henderson JV. . The sizes and types of cities [J]. American Economic Review, 1974, 64 (4): 640 – 656.

[21] Tschoegl, Adrian E. . International Banking Centers, Geography and Foreign Banks [J]. Financial Markets, Institutions & Instruments, 2000, 9 (1): 1 –321.

中文参考书目

[22] 花俊国，朱香荣，殷成文．中国乳业集中状况和空间布局分析 [J]．中国农村经济，2007（2）：49－54．

[23] 成小平．中国乳制品产业空间集聚及对产业成长的影响 [J]．武汉理工大学学报（社会科学版），2012（5）：688－693．

[24] 李力．产业投资区位选择与产业集聚——以内蒙古畜产品加工业为例 [J]．中国农村经济，2008（1）：12－22．

[25] 牛鸿蕾，江可申．我国纺织业集聚分布格局及其影响因素的空间面板数据分析 [J]．数理统计与管理，2011（4）：571－584．

[26] 任英华，徐玲，游万海．金融集聚影响因素空间计量模型及其应用 [J]．数量经济技术经济研究，2010（5）：104－115．

[27] 张学良．中国交通基础设施促进了区域经济增长吗——兼论交通基础设施的空间溢出效应 [J]．中国社会科学，2012（3）：60－77．

[28] 赵良仕，孙才志，郑德凤．中国省际水资源利用效率与空间溢出效应测度 [J]．地理学报，2014（1）：121－133．

[29] 孙庆刚，郭菊娥，师博．中国省域间能源强度空间溢出效应分析 [J]．中国人口·资源与环境，2013（11）：137－143．

[30] 刘和东．区域创新内溢、外溢与空间溢出效应的实证研究 [J]．科研管理，2013（1）：28－36．

[31] 王永培，袁平红．工资差异、劳动力流动与工业集聚——基于新经济地理学的解释和实证检验 [J]．财经科学，2010（3）：59－66．

[32] 陈敏，桂琦寒，陆铭，陈钊．中国经济增长如何持续发挥规模效应——经济开放与国内商品市场分割的实证研究 [J]．经济学季刊，2007，7（1）：125－150．

[33] 王兴元．品牌生态学产生的背景与研究框架 [J]．科技进步与对策，2004（7）：121－124．

[34] 王兴元，于伟，张鹏．高科技品牌生态系统特征、成长机制及形成模式研究 [J]．科技进步与对策，2009（1）：87－90．

［35］冯仰廉. 关于我国奶产业稳定持续发展的几个问题［J］. 乳业科学，2005（2）.

［36］王兴元，于伟，易金. 品牌生态系统网络风险成因及应对策略［J］. 企业经济，2008（5）：53－55.

［37］董晓芳，袁燕. 企业创新、生命周期与聚集经济［J］. 经济学（季刊），2014，13（2）：767－792.

［38］范剑勇，冯猛，李方文. 产业集聚与企业全要素生产率［J］. 世界经济，2014（5）：51－73.

［39］冯蕾音，钱天方. 品牌经济的产生、构成、性质——内涵式释义［J］. 山东经济，2004（6）：111－112.

［40］王兴元. 品牌生态系统结构及其适应复杂性探讨［J］. 科技进步与对策，2006（2）：85－86.

［41］杨保军. 品牌进化的动力机制与模型分析［J］. 河南科技大学学报，2010（4）：75－76.

［42］王念. 基于生态学原理的品牌生态系统管理探讨［J］. 商业时代，2010（21）：37.

［43］杨保军. 品牌生态系统结构分析及应用［J］. 重庆工商大学学报，2010（4）：57.

［44］郑培娟，等. 集群品牌竞争力影响因素的实证研究［J］. 科技管理研究，2015（10）：139.

［45］杨忠直，陈炳富. 商业生态学与商业生态工程探讨［J］. 自然辩证法通讯，2003（4）：35－61.

［46］胡彦蓉. 基于生态理论的品牌竞争策略研究［J］. 生态经济，2012（7）:122.

［47］王兴元. 品牌生态位原理及其对企业品牌战略的启示［J］. 企业经济，2008（3）:42.

［48］盖宏伟. 产业集群品牌生态系统功能研究［J］. 品牌生态，2013（7）:16.

[49] 赵红. 品牌生态位理论在互联网品牌测评中的应用 [J]. 同济大学学报, 2008 (11): 1589.

[50] 王启万. 品牌生态位要素结构维度实证研究 [J]. 现代经济探讨, 2011 (8): 37.

[51] 黄忠喜. 产业集群的品牌生态研究 [J]. 中山大学学报, 2006 (5):46.

[52] 杨保军. 品牌进化生态因子研究 [J]. 商业时代, 2010 (18): 32.

[53] 祝合良. 战略品牌管理 [M]. 北京: 首都经济贸易大学出版社, 2013.

[54] Paul Hawken. 商业生态学: 可持续发展的宣言 [M]. 夏善晨, 译. 上海: 上海译文出版社, 2001.

[55] James F. Moorer. 竞争的衰亡: 商业生态系统时代的领导与挑战 [M]. 梁骏, 等, 译. 北京: 北京出版社, 1999.

[56] 艾丰. 中国品牌价值报告 [M]. 北京: 经济科学出版社, 1997.

[57] 陈秉正. 整体化公司风险管理 [M]. 北京: 清华大学出版社, 2003.

[58] Winkler. 快速建立品牌: 新经济时代的品牌策略 [M]. 赵怡, 等, 译. 北京: 机械工业出版社, 2000.

[59] 王缉慈. 创新的空间企业集群与企业发展 [M]. 北京: 北京大学出版社, 2001.

[60] 陈忠阳. 金融机构现代风险管理基本框架 [M]. 北京: 中国金融出版社, 2006.

[61] 洪群联. 产业集聚与区域创新研究 [M]. 北京: 经济管理出版社, 2013: 87-95.

[62] 菲利普·科特勒, 凯文·莱恩·凯勒, 卢泰宏. 营销管理 [M]. 卢泰宏, 高辉, 译. 北京: 中国人民大学出版社, 2009.

[63] 菲利普·科特勒, 加里·阿姆斯特朗, 市场营销 [M]. 楼尊, 译. 北京: 中国人民大学出版社, 2015.

[64] 郝晓燕, 乔光华. 中国乳业产业安全研究——基于产业经济学

视角 [M].北京:经济科学出版社,2011:159-161.

[65] 刘玉满,李胜利.中国奶业经济研究报告 [M].北京:中国农业出版社,2012:45-56.

[66] 乔恩·米勒,戴维·缪尔.强势品牌的商业价值 [M].叶华,周海昇,译.北京:中国人民大学出版社,2007.

[67] 斯科特·戴维斯.品牌资产管理——赢得客户忠诚度与利润的有效途径 [M].刘莹,李哲,译.北京:中国财政经济出版社,2006.

[68] 斯科特·戴维斯,麦克尔·邓恩.品牌驱动 [M].李哲,刘莹,译.北京:中国财政经济出版,2007.

[69] 苏勇,陈小平.品牌通鉴 [M].上海:上海人民出版社,2003.

[70] 威廉·维尔斯,约翰·伯奈特,桑德拉·莫里亚提.广告学原理与实务 [M].张红霞,译.北京:北京大学出版社,2007.

[71] 詹姆斯·格雷戈里.四步打造卓越品牌 [M].胡江波,译.哈尔滨:哈尔滨出版社,2005.

[72] 余明阳,姜炜.品牌理管学 [M].上海:复旦大学出版社,2006.

[73] 黄喜忠,杨建梅.产业集群的品牌生态研究 [M].北京:经济科学出版社,2009.

[74] 波特.竞争战略 [M].陈小悦,译.北京:华夏出版社,1997.

[75] 穆尔.竞争的衰亡 [M].梁俊,等,译.北京:北京出版社,1999.

[76] 温克勒.快速建立品牌[M].赵怡,等,译.北京:机械工业出版社,2000.

[77] 大卫·A.艾克.品牌领导[M].曾晶,译.北京:新华出版社,2001.

[78] 约翰·H.霍兰.隐秩序—适应性造就复杂性 [M].周晓牧,韩晖,译.上海:上海科技教育出版社,2000.

[79] 中国奶业年鉴编辑委员会.中国奶业年鉴2014 [M].北京:中国农业出版社,2015.

[80] 向永辉.区位、集聚与地区间FDI竞争——基于空间互动的研究 [M].上海:上海交通大学出版社,2014:46.

［81］西尔维·拉福雷. 现代品牌管理 ［M］. 周志民，等，译. 北京：中国人民大学出版社，2012：88.

［82］戴维·阿克. 管理品牌资产 ［M］. 吴进操，常晓虹，译. 北京：机械工业出版社，2015：12.

［83］张燚，张锐，刘进平. 品牌生态理论与管理方法研究 ［M］，北京：中国经济出版社，2013：151.

［84］让·威廉·弗里兹·皮亚杰. 结构主义 ［M］. 倪连生，译. 北京：商务印书馆，2010：3.

［85］朱希伟. 理性的空间. 集聚、分割与协调 ［M］. 杭州：浙江大学出版社，2012：134.

［86］戴维·阿克. 创建强势品牌 ［M］. 李光丰，译. 北京：机械工业出版社，2012.

［87］郑佳. 基于品牌群落演化的产业集群可持续发展理论模型研究 ［M］. 杭州：浙江大学出版社，2013：43.

［88］臧新. 产业集聚的行业特性研究——基于中国行业的实证分析 ［M］. 北京：经济科学出版社，2011：81.

［89］戴维·阿克，埃里克·乔基姆塞勒. 品牌领导 ［M］. 耿帅，译. 北京：机械工业出版社，2012.

［90］王兴元. 名牌生态系统分析理论及管理策略研究 ［M］. 北京：经济科学出版社，2007：156.

［91］梁琦. 分工、集聚与增长 ［M］. 北京：商务印书馆，2009.

［92］艾·里斯，劳拉·里斯. 品牌的起源 ［M］. 寿雯，译. 北京：机械工业出版社，213.

［93］教育部哲学社会科学研究重大课题攻关项目. 产业集聚与区域经济协调发展研究 ［M］. 北京：经济科学出版社，2012：26.

［94］雅克·弗朗瓦斯·蒂斯. 集聚经济学：城市、产业区位与全球化 ［M］. 石敏俊，等，译. 上海：格致出版社，2016：315.

［95］赵红，王焱，谢琳灿. 生态智慧型企业成长与品牌重叠测评仿生研

究［M］．知识产权出版社，2012：99．

［96］熊爱华．品牌生态系统协同进化研究［M］．北京：经济科学出版社，2012：123．

［97］殷广卫．新经济地理学视角下的产业集聚机制研究［M］．上海：上海世纪出版集团，2011：218．

［98］道格拉斯·B.霍尔特．品牌如何成为偶像［M］．胡雍丰，孔辛，译．北京：商务印书馆，2010．

［99］朱立．品牌文化战略研究［D］．武汉：中南财经政法大学，2005．

［100］钱言．基于生态位理论的企业间关系优化研究［D］，上海：同济大学，2007．

［101］任海燕．乳品企业品牌战略研究［D］．北京：中国农业科学院研究生院，2009．

［102］张路红．我国企业国际品牌战略研究［D］．天津：天津财经大学，2008．

［103］殷春红．品牌生态系统复杂适应性及协同进化研究［D］．天津：天津大学，2005．